ENGADIN

mit

MÜNSTERTAL

Siegfried Garnweidner

KOMPASS Wanderführer

Siegfried Garnweidner

geboren 1948 in München, hat von seinem Wohnort Baierbrunn bei München nicht weit ins Gebirge. In seiner Freizeit hat er sich ganz den Bergen verschrieben, die er zu allen Jahreszeiten mit Tourenski, Mountainbike und Wanderstiefeln besucht. Über alle Touren führt er akribisch Buch und notiert seine Routen detailgenau. Bis jetzt hat er weit mehr als 1000 Routenvorschläge in Bergsteiger-, Alpin- und in Skizeitschriften veröffentlicht. Er ist Autor zahlreicher Bergbücher und fotografiert mit großer Begeisterung »seine« Berge. Dabei schleppt er eine aufwendige Mittelformat-Kameraausrüstung stets im Rucksack mit.

Im **KOMPASS-Verlag** sind von ihm bis jetzt folgende Wanderführer erschienen: Karwendel (907), Rofan (901), Zugspitze und Werdenfelser Land (923), Ammergauer Alpen (930).

Auflage: 2004 · ISBN 3-85491-769-4 Verlagsnummer 996

Text und Fotografie: Siegfried Garnweidner
Lektorat: Barbara Hörmann

Bildnachweis: Alle Aufnahmen stammen vom Autor.

Titelbild: Blick von den Motta Salacina nach Maloja und Oberengadin, in der Mitte der Piz Lagrev.

Bild Innentitel Seite 1: Am Lej da l'Ova Cotschna.

Bild Seite 3: Münster (Müstair).

Grafische Herstellung: wt-BuchTeam
Wanderkartenausschnitte: © KOMPASS-Karten GmbH
Höhenprofile: wt-BuchTeam
Die Kartenausschnitte sind den Wanderkarten Engadin 1:60 000 entnommen:
© Hallwag Kümmerly + Frey AG, CH-3322 Schönbühl-Bern

Da die Angaben eines Wanderführers in der heute so schnelllebigen Zeit fast ständig Veränderungen unterworfen sind, kann für die Richtigkeit keine Gewähr übernommen werden. Auch lehrt die Erfahrung, dass Irrtümer nie ganz zu vermeiden sind. Für Berichtigungen und Verbesserungsvorschläge ist die Redaktion stets dankbar. Korrekturhinweise bitte an folgende Anschrift:

Walter Theil, Irmengardstr. 9, D- 84518 Garching/Alz
Telefon 0049-(0)8634/68 98 03 · Fax 0049-(0)8634/68 98 04
E-mail: WTheil@t-online.de
oder an
KOMPASS-Karten GmbH, Kaplanstraße 2, A-6063 Rum/Innsbruck,
Telefon 0043-(0)512/26 55 61-0 · Fax 0043-(0)512/26 55 61-8
E-mail: kompass@kompass.at
http://www.kompass.at

Vorwort

Grüezi, Allegra und bun di! Diese Begrüßungen kann man auf den Engadiner und Münstertaler Bergtouren von gleich gesinnten erholungssuchenden Wanderern immer wieder hören. Alle drücken dasselbe aus. Sie wünschen einen schönen Tag, Fröhlichkeit und Wohlsein. Das ist auch der Zweck, warum wir in die Berge gehen, uns die Mühe machen, lange Wege zu überwinden oder gar auf stolze Gipfelhöhen steigen. Im Gebiet dieses Führers gibt es Routen, die für weit mehr als einen Urlaub reichen. Von gemütlichen Wanderungen zu einem See, einem Pass oder einer Hütte, bis hinauf zu eisgekrönten Gipfelhäuptern reicht das Angebot in diesem Wanderbuch. Entsprechend unterschiedlich sind auch die Anforderungen. Während die kleinen Touren in den Talbereichen über die Waldgrenze kaum hinausführen und meist ohne besondere Vorbereitung angegangen werden können, braucht man für die großen Bergfahrten alpine Erfahrung, Trittsicherheit und beste Kondition. Die Gipfel sind oft nur über triste, weglose Geröllhänge und kargen Schutt, bisweilen auch über Gletscherflächen zu erreichen, die alle Risiken des unerschlossenen Hochgebirges in sich bergen. Kurzum, es ist für jeden »alpinen Geschmack« die richtige Tour dabei.
Allen Bergbegeisterten, Wanderern und Gipfelstürmern, die das Engadin und die Münstertaler Alpen zum Ziel gewählt haben, möchte ich die schöne, vielerorts noch unverfälschte Hochgebirgswelt dieses schönen Alpenteils näher bringen.
Ich wünsche Ihnen viele schöne und erholsame Touren und stets eine wohlbehaltene Rückkehr ins Tal.
Cun blers salüds — Siegfried Garnweidner

INHALT

S-charl.

Das Engadin

Seinen Namen hat das Engadin vom Inn. Er entspringt am Piz Lunghin, durchfließt östlich von Maloja im Oberengadin eine Kette malerischer Seen und strebt hinter Sankt Moritz und Samedan, etappenweise als trostloser Kanal begradigt, dann wieder in freiem Lauf durch wilde Schluchten bei Zernez dem Unterengadin zu. Dort dreht er gegen Norden ab, besinnt sich aber angesichts des gigantisch aufragenden Piz Linard, dass er doch wieder gegen Nordosten durch das Tal zu fließen hat und verlässt bei Martina das Schweizer Engadin. Die Farbe des wilden Flusses hängt sehr vom Wetter ab. In schönen Zeiten ist er blaugrün, wechselt nach Unwettern ins Braune und zeigt sich während der Schneeschmelze und an heißen Sommertagen als milchig trübes Gletscherwasser. Zu beiden Seiten des Inns erheben sich mächtige Berge. Am Piz Bernina wird die magische Grenze von 4000 m überschritten, alle anderen Gipfel der Ostalpen sind niedriger. Dank der beachtlichen Höhe der Ausgangspunkte – das Engadin liegt im Tal zwischen etwa 1800 m bei Maloja und gut 1000 m bei Martina – sind die Höhenunterschiede nicht gar zu gewaltig und viele Dreitausender lassen sich als Tagestour meistern.

Am schönsten ist die Landschaft des Engadins in Talnähe. Dort finden sich ausgedehnte Wälder, in denen Arven (Zirben), Lärchen und andere Nadelbäume dominieren. Über den Wäldern überwiegen Weidehänge, auf die an Sonnenhängen bis 2800 m Höhe Vieh aufgetrieben wird. Und dazwischen und darüber finden sich meist trostloses Geröll, Schutt oder dunkle Felsen. Nur die schattseitigen, vor der Sonne sicheren Seiten der Berge sind noch mit Gletschern geziert. Allerdings werden diese dank schneearmer Winter und heißer Sommer in der letzten Zeit immer kärglicher. Viele kleinere sind schon ganz verschwunden. Und dort, wo die Eisflächen noch vorhanden sind, muss man stellenweise schon im Frühsommer mit blankem Eis rechnen, weil die Schneefelder immer schneller abschmelzen. Das macht die Begehung der Gletscher nicht einfacher, denn die Spalten liegen frei und sind oft nur mit großem Aufwand oder gar nicht mehr zu queren. Die schöne Landschaft hat schon seit alters die Menschen angelockt. Bevor die Touristen in Scharen gekommen sind, hatten sich die Maler Segantini, Georgy und Giacometti, der Philosoph Nietzsche, der Dichter Rilke und der Lyriker Hesse mit diesem attraktiven Land angefreundet. Inzwischen lässt der Touristenzustrom deutlich nach, was vielleicht auch an den hohen Schweizer Preisen liegen mag.

Das Münstertal

Aus dem Südtiroler Vinschgau steigt gegen Westen das von mildem Klima verwöhnte Münstertal an. Bei Münster (Müstair) überschreitet es die Grenze zur Schweiz und zieht sich bis zum Ofenpass hinauf, der übrigens tatsächlich nach einem Ofen benannt ist. Dort stand der Schmelzofen für das Eisenerz, das in dieser Gegend (am Munt Buffalora) gewonnen worden ist. Jenseits der Passhöhe fällt das Tal durch den Schweizer Nationalpark ab und läuft bei Zernez im Unterengadin aus. Gerade im malerischen Münstertal findet sich eine Reihe beschaulicher und weitgehend stiller Touren. Die Berge, die zur Ortler- und Sesvennagruppe gehören, steigen nur wenig über die 3000-Meter-Marke an und größere Gletscher gibt es auf den hier vorgeschlagenen Routen nicht.

Die Talorte

Samnaun (1840 m)

Jahrhundertelang war Samnaun von der Schweiz so gut wie abgeschnitten. Es gab nur ein paar Fuß- und Karrenwege in das Hochtal hinauf und deshalb ist die Not in den paar Bauernhöfen groß gewesen. Um sie zu lindern, wurde das Samnauntal im Jahr 1892 vom Schweizer Bundesrat zum zollfreien Gebiet erklärt. Das hat ab dem Jahr 1913, als die erste Straße auf der Schweizer Seite gebaut war, mächtig eingeschlagen. Diese verwegene Straße ist kühn in steile Felsenwände gebaut und so schmal, dass man sein Gefährt zuverlässig beherrschen muss, um aus den dunklen und kurvigen Tunnels ohne Lackkratzer wieder

Der Nationalpark

Wanderer müssen sich im Nationalpark an strenge Regeln halten. Viele Verbots- und Hinweistafeln weisen immer wieder auf diese Bestimmungen hin. Der Nationalpark darf nur auf den bezeichneten, im Gelände markierten Wegen begangen werden. Auf dem Gebiet des Nationalparks ist verboten:

- Feuer zu machen, zu biwakieren, Abfälle und dergleichen liegen zu lassen,
- Tiere jeder Art zu töten, zu verletzen oder zu fangen sowie durch Lärmen, Schreien, Steinrollen usw. zu beunruhigen,
- Niststätten, Eier oder Bruten wegzunehmen oder zu beschädigen,
- Pflanzen und Pilze auszugraben, auszureißen oder zu beschädigen, sowie Blumen zu pflücken und Beeren zu lesen,
- Holz zu schlagen oder zu sammeln,
- Vieh weiden zu lassen,
- Waffen, Fanggeräte, Botanisierbüchsen und Pflanzenpressen mitzunehmen,
- Hunde (auch an der Leine) mitzuführen,
- gewerbliche Filmaufnahmen zu machen,
- die Ausübung der Jagd und Fischerei.

Verstöße gegen die Vorschriften der Parkordnung werden mit hohen Geldbußen geahndet. Nach dem Schutzgedanken des Nationalparks ist die Natur von allen nicht dem Zwecke des Reservats dienenden menschlichen Eingriffen und Einflüssen vollständig zu schützen. Die gesamte Tier- und Pflanzenwelt bleibt ihrer freien natürlichen Entwicklung überlassen. Ob sich diese Idee auf Dauer wirklich durchhalten lässt, mag mancher angesichts der inzwischen gigantischen Probleme durch dramatisch überhöhten Wildbestand und dem Absterben ganzer Wälder anzweifeln. Noch gilt sie.
Der Nationalpark wurde im Jahr 1914 als erster in Europa gegründet. Seine Väter hatten sich zum Ziel gesetzt, die Natur vor dem Menschen zu schützen und nicht für den Menschen. Das Gelände ist kein Zoo und kein botanischer Garten, sondern ein Bereich, in dem sich natürliche Lebensgemeinschaften einstellen und Bestand haben sollen. Nach rund 100 Jahren ist das noch nicht gelungen.
Der Wald befindet sich deshalb in einem trostlosen Zustand. Die Bäume sterben großflächig ab und Jungholz fällt dem Rotwild zum Opfer. Es hat sehr schnell gemerkt, dass es im Nationalpark nicht bejagt wird. Zur Jagdzeit wandern sie in ihr Paradies hinein und im Winter, wenn sie den schneereichen Nationalpark verlassen, werden sie außerhalb gefüttert. Sorgen gibt es also genug, nur nicht für das Rotwild, das sich prächtig über alle Maßen vermehrt.
Wenn man weiß, was im Nationalparkgelände stattgefunden hat, bevor der Park gegründet wurde, muss man sich über die teilweise traurigen Entwicklungen nicht wundern. Mit dem Eisenbergbau wurde das gesamte Holz der näheren und weiteren Umgebung geschlagen. Man brauchte es zum Stollenbau und für die Schmelzfeuer. Anschließend diente das Areal als Stierweide. Als es abgegrast war, wurden weniger anspruchsvolle Schafe aufgetrieben, die alles kurz und klein gefressen haben. Als dann fast nichts Grünes mehr zu finden war, hat man zu allem Überfluss noch Ziegen aufgetrieben, die dem kargen Boden den Rest gegeben hatten. Und als schließlich die Natur kaputt war, wurde der Nationalpark geschaffen.

Samnaun vor dem Val Maisas und dem Muttler.

herauszukommen. Bei Gegenverkehr wird's kritisch. Viele nehmen das auf sich, wenn sie nicht auf der neuen, steilen, aber leicht zu befahrenden Straße von Pfunds heraufkommen. Denn schließlich kann man in Samnaun steuerfrei einkaufen. Schnaps, Parfüm, Zucker und Benzin sind die Hauptrenner für die vielen Besucher, die dort oben ein paar Fränkli oder Euro sparen wollen. Ob wirklich alles billiger ist, wage ich zu bezweifeln. Man darf nicht vergessen, dass die Fahrt auch nicht zum Nulltarif zu haben ist, vor allem nicht aus der Sicht des Umweltschutzes. Es hat sich eine Ausflugs- und Einkaufs-Hysterie entwickelt, die es an keinem Talort aus dem Bereich dieses Führers sonst noch gibt. Allenfalls in Livigno. Wenn man bedenkt, dass alles, was man dort kaufen kann (selbst der etwas billigere Treibstoff) mit großem Aufwand per Lkw in das einst so stille Hochtal gebracht wird, damit es in vielen kleinen Portionen und gut in Plastiktüten verpackt wieder zurücktransportiert wird, bleibt der tiefere Sinn dieses Theaters sehr fraglich. Schön wär's, wenn sich die Besucher der schönen Bergwelt besinnen und vielleicht länger als ein paar Stunden bleiben würden. Das würde dem Tourismus gut tun, und den Urlaubsgästen auch.

Scuol (Schuls; 1243 m)

Die geologischen Besonderheiten des »Unterengadiner Fensters« sind dafür verantwortlich, dass es im Unterengadin viele Mineralquellen gibt. Die Heilquellen wurden zwar erst 1369 erstmals er-

Das Wetter

Im Oberengadin sorgt der berühmte Malojawind für ein trockenes Reizklima, das den Organismus anregt und wesentlich dazu beigetragen hat, den guten Ruf von St. Moritz als Kurort zu stärken. Er steigt über den Malojapass ins Oberengadin, sorgt oft für klare Luft und ist verantwortlich für brillante Fernsicht. Hohe Bergkämme isolieren das Engadin auch klimatisch. Feuchte Luft und schlechtes Wetter werden bisweilen von den weit über 3000 m Höhe aufragenden Bergkämmen in Schach gehalten. Es gibt im Jahr durchschnittlich 322 Sonnentage. Das Klima ist vergleichbar mit dem Wetter der Alpensüdseite, doch ist die Luft wegen der hohen Lage deutlich kühler.
Im Unterengadin sind die klimatischen Verhältnisse etwas anders, keinesfalls aber schlechter. Die mächtigen Bollwerke der Silvretta-Berge halten Schlechtwettereinbrüche noch effektiver zurück als dies die Berge zu beiden Seiten des Oberengadins vermögen. Obwohl es keinen trockenen Malojawind gibt, sind die Niederschlagsmengen im Unterengadin meistens geringer, was sich auf Vegetation und Landwirtschaft auswirkt.
Wieder anders ist das Wetter im Münstertal. Dort steigen aus dem tief liegenden, von der Sonne verwöhnten Vinschgau warme Luftströme empor und lassen die Waldgrenze teilweise auf mehr als 2300 m Höhe ansteigen. Ackerbau ist selbst in Höhen von 1800 m noch möglich und mit der globalen Klimaveränderung wird er noch weiter hinauf steigen können.

wähnt, doch geht man davon aus, dass ihre Wirkung schon vorher bekannt gewesen ist. Sie bescherten der Bevölkerung schon im vorletzten Jahrhundert eine Einnahmequelle aus bescheidenem Tourismus. Erste Kurorte waren Scuol und Tarasp. Weil aber die Attraktivität des Heilwassers ein wenig nachgelassen hatte, wurde der Fremdenverkehr auch durch interessante Freizeitangebote (Wintersport) angekurbelt. Die alkalische Glaubersalze der Luzius-, Emerita- und Sfondraz-Quelle wirken abführend, Galle treibend und entzündungshemmend und die alkalischen Eisensäuerlinge der Bonifaziusquelle steigern zusätzlich die Infektabwehr der Harnorgane. Die Bittersalze der Lischana-Quelle haben eine ähnliche Wirkung. Hoch oben liegt, zur politischen Gemeinde Schuls gehörend, das einstige Bergbaudörfchen **S-charl,** das heute ein beliebtes Ausflugsziel und Ausgangspunkt zahlreicher Wanderungen, Berg- und Skitouren ist.

Susch (1426 m)
Am Fuße des Flüelapasses liegt Susch, das lange Zeit vom Verkehr lebte. Der Handel blühte und alle, die möglichst nahe am Pass sein wollten, ließen sich in Susch nieder. Das waren vornehmlich Säumer, Kutscher und Fuhrleute. Man sieht das heute noch am Straßenbild, denn die Häuser stehen entlang der Verkehrsader. Die Eröffnung der Eisenbahn brachte schließlich – außer sechs verheerenden Feuersbrünsten zwischen 1499 – und 1925 große Not über den Ort und trotz staatlicher Unterstützung konnte die alte wirtschaftliche Bedeutung von Susch nie wieder hergestellt werden. Inzwischen liegt der Ort noch mehr vom Verkehr ab-

Im Nationalpark, hinten der Piz da l'Acqua.

geschnitten, denn der Flüelapass verlor mit der Fertigstellung des Vereina-Eisenbahntunnels noch weiter an Bedeutung.

Zernez (1473 m)
Der malerische Ort, am Schnittpunkt zwischen Ober- und Unterengadin gelegen, ist Ausgangspunkt für eine Reihe von Bergtouren und Wanderungen im Nationalpark. Dort steht auch das Nationalparkhaus, in dem es viele Informationen über das Naturrefugium gibt. In dem schmucken Ort fallen neben dem spitzen Turm an der Kirche aus der Zeit des Frühbarocks (1609) viele Häuser mit besonders markanten Sgraffitos auf.

St. Moritz (1822 m)
Durch einen Zufall lüftete sich im Jahre 1907 ein Geheimnis von St. Moritz. Arbeiter stießen bei der Sanierung der Quellfassung auf einen Druidenstein aus der Bronzezeit. Rund um diesen Hexenstein traten Lärchenholzröhren, Waffen und ein Blockbauwerk ans Licht. Damit ergab sich der Schluss, dass das Oberengadin schon 1500 vor Christus von keltischen Stämmen besiedelt war und dass dem Heilwasser von St. Moritz schon damals besondere Bedeutung beigemessen worden ist. Urkundlich wurde der Ort allerdings erstmals viel später erwähnt, nämlich 1139, als das gesamte Oberengadin vom Grafen von Gamertingen an den Bischof von Chur verkauft worden ist. Damals ist auch der Ortsname von St. Moritz (romanisch S. Murezzan) aufgetaucht. Er wird dem heiligen Mauritius zugeschrieben, der auf mysteriösen Wegen als Anführer der Thebäischen Legion über Lyon und das Wallis als Kirchenpatron ins Engadin gelangt war. Der Bischof von Chur hat die ihm zum Zehent verpflichteten

Bauern nach heutigen Vorstellungen ziemlich rüde behandelt. Wer ihm seine Steuern nicht bezahlen konnte oder wollte, ist ohne langen Federlesens in den Schuldenturm gestoßen worden, wo er in Gesellschaft von unangenehmen animalischen Mitbewohnern zu büßen hatte.
Wahrscheinlich schrieb man früher die Heilwirkung des sauren Wassers Hexen und Geistern zu. Die erste wissenschaftliche Bewertung ist nämlich erst im späten Mittelalter durch Paracelsus bekannt geworden: »Ein acetosum fontale (Sauerbrunn), das ich für alle in Europa erfahren habe, preise, ist im Engadin zuo Sanct Mauritz, derselbige Brunn läufft im Säuristen. Der desselbigen Trancks wie einer Artzney gebührt, der kan von Gesundheit sagen...« Die Heilkuren waren für die Patienten – vor allem wenn sie italienische Ärzte hatten – eine arge Zumutung. Sie mussten 10 Liter Quellwasser am Tag trinken. Doch der Erfolg blieb nicht aus, denn es wird über eindrucksvolle Ergebnisse berichtet: »Das Bad ist gesund, schwanger wurden Frau, Magd und Hund.«

Müstair (Münster; 1247 m)
Hauptort und Namensgeber im Münstertal ist Müstair. Es wird vermutet, dass der Bischof von Chur mit dem Kloster Pfäfers zusammengearbeitet hat, um einen Konvent in Münster aufzubauen ,und schon in der Mitte des 9. Jahrhunderts gab es etwa 40 Mönche. Politische Einflüsse und Kriegsgeschehen haben über lange Zeit das Klosterleben beeinflusst, aber auch zahlreiche, großzügige Geschenke. Eindrucksvoll ist die Kloster- und Pfarrkirche St. Johann, die eine Fülle bedeutender sakraler Kunstwerke birgt, u.a. einen zwischen 1947 und 1952 frei gelegten romanischen Bilderzyklus karolingischer Wandmalereien.

Pontresina (1895 m)
Am Fuße des Berninapasses liegt der Touristenort Pontresina, der einst aus drei Ortschaften bestand, die heute zusammengewachsen sind, seit der Tourismus für eine stürmische Entwicklung sorgte. Besonders sehenswert ist die Kirche Santa Maria mit eindrucksvollen Malereien aus dem späten 15. Jahrhundert. Der Ort selber ist geprägt von mondänen, gewaltigen Hotelbauten. Bevor der Tourismus dem Ort seinen Wohlstand brachte, lebte die Bevölkerung zu einem großen Teil vom Pass, über den eine Eisenbahnstrecke ins Puschlav führt. Die Bahn-Bauarbeiten selbst wurden von rund 2500 italienischen Arbeitern ausgeführt, denen das Wetter immer wieder arg zu schaffen machte. Mitunter ist während des Baus sogar im Sommer Schnee gefallen, denn die Strecke erreicht die beachtliche Höhe von 2253 m. Besonders schwierig erwiesen sich die Sprengarbeiten, denn wegen der widrigen Umstände wurde mit dem Dynamit nicht immer sehr fachgerecht umgegangen und es kam mehrmals zu unkontrollierten

Die Kirche St. Maria in Pontresina.

Explosionen, die mehrere Menschenleben gefordert hatten. Auch die Versorgung der zahlreichen Arbeitskräfte gestaltete sich sehr problematisch. Allen Schwierigkeiten zum Trotz, wurde die Bahn von Anfang an auch im Winter betrieben und in der Sommerzeit ist die landschaftlich eindrucksvolle Fahrt mit dem Bernina-Express ein tief greifendes Erlebnis.

Livigno (1816 m)

Nur eine Tour aus diesem Führer beginnt im italienischen Livigno und doch gehört ein großer Teil der Touren zu den Livignoalpen, die weit ins Engadin hineinreichen. »Livigno, ein lang gestrecktes Tal, das am Horizont zwischen zwei Gebirgsketten verschwindet, die sich sanft in das Dorf hinabsenken und einen Blick auf die ununterbrochene Kette von Holz- und Steinhütten eröffnen. Eine Landschaft, die wie in zarte Watte gepackt, mit den Sonnenstrahlen in einem blauen, klaren Himmel, ohne Straßen oder Wege, sondern nur mit unzähligen Pisten in einer vom Grün der Wälder gefleckten weiten Fläche.« So ähnlich erschien der Ort deutschen Touristen noch in den dreißiger Jahren, die dort als erste Skifahrer unterwegs waren. Sie mussten das zollfreie Gebiet über den Gallopass mit Pferdeschlitten aus dem benachbarten Engadin erreichen. Heute kann man auch im Winter bequem mit dem Auto anreisen. Aus dem Münstertal durch den Tunnel »Munt la Schera« und im Sommer auch über den Passo di Livigno vom Berninapass herüber. Bei der Beschreibung des Ortes, den die ersten Touristen recht idyllisch fanden, muss man inzwischen ein paar gewaltige Abstriche machen. Der Ort zieht sich über viele Kilometer neben der Straße entlang und Hotels, Pensionen und zollfreie Geschäfte wechseln sich in wirrer Folge ab. Einen Ortskern zu ermitteln fällt schwer, denn die ganze Ansammlung von Gebäuden, Liftanlagen und Straßen sieht so aus, als gäbe es keine Orts- oder Bauleitplanung. Aber Livigno ist ein Wintersportort und der Schnee deckt vieles zu ...

Müstair (Münstertal).

Tipps und Hinweise

Alpine Anforderungen

Das Engadin und das Münstertal sind von hohen, teilweise bis weit in die Gletschrregion reichenden Bergen umgeben. Breite Täler, Flüsse, Bäche und Wälder sind für die besiedelten Tallagen typisch, während in mittleren Lagen Arvenwälder, Almwirtschaft und stille Seen kennzeichnend sind. Oberhalb der Wald- und Weidegrenze herrschen meist monotone Geröll- und Schutthänge vor, die von felsigen und teilweise vergletscherten Gipfelregionen überragt werden. Längere Forst- und Almerschließungsstraßen, die sich fürs Mountainbiken eignen, findet man eher in den unteren Lagen und markierte und ausgebaute Wanderwege führen oft nur in den Alpbereich hinauf. In Tallagen und zu den besonders interessanten und beliebten Gipfelzielen gibt es markierte, gepflegte und bisweilen auch mit Drahtseilen gesicherte Steige, doch muss sich der Bergsteiger, der auf die weniger berühmten Berge hinauf will, auf wegloses, unerschlossenes und gefährliches Berggelände einstellen. Manche Routen sind bisweilen mit Steinmännern markiert, die aber durch Witterungseinflüsse, Lawinen und Steinschlag immer wieder zerstört werden können. Wer sich auf solche Touren wagt, muss alpine Erfahrung, beste Kondition und einwandfreie Ausrüstung mitbringen. Besonders wichtig ist, dass man sich auch bei schlechter Sicht zuverlässig orientieren kann. Der exakte Umgang mit Karte, Kompass und Höhenmesser ist also zwingend. Untrainiert darf man sich an die größeren Bergtouren keinesfalls heranwagen. Im Führer findet sich neben großen, anspruchsvol-

len Bergfahrten auch eine Fülle von kleineren Wanderungen, die man je nach Gusto auch zu größeren Gipfeltouren ausbauen kann. Entsprechende Hinweise sind in den geeigneten Routenvorschlägen enthalten. Man muss aber nicht immer auf die höchsten Gipfel hinauf, wenn die Verhältnisse nicht passen. Einzelne Etappenziele - Hütten, Pässe, Seen und andere attraktive Ziele - sind in den Texten und Höhenprofilen genannt und oft auch als Zielpunkt vorgeschlagen. Es sollte also jeder die für seinen Geschmack und die augenblicklichen Verhältnisse richtige Tour finden können.
Die Routenbeschreibungen orientieren sich an normalen Bedingungen. Nach schneereichen Wintern mit großen Lawinenabgängen, Unwettern, Sturm mit Windbruch, Muren, Bergstürzen und sonstigen unvorhersehbaren Ereignissen kann sich der Zustand der Wege und Routen verändern. Selbst einfache Etappen können dann nur noch erschwert oder mit vertretbarem Risiko gar nicht mehr zu begehen sein. Dies gilt auch, wenn Schnee liegt. Wegen der großen Höhe der Berge kann bis weit in den Hochsommer hinein alter, verharschter oder eisiger Schnee ein besonderes Risiko darstellen.

Die **Schwierigkeitsbewertung** der einzelnen Routen:

▼ BLAU Diese Wanderungen sind einfach. Sie verlaufen auf Forststraßen oder gut markierten und beschilderten Bergwegen. Sie können zwar steil sein, sind aber nicht ausgesetzt und höchstens auf kurzen Stellen felsig. Eine Absturzgefahr besteht normalerweise nicht.

▼ ROT Bergtouren dieser Art sind von gut trainierten Bergwanderern ohne besonderes Training zu schaffen. Sie erfordern allerdings bisweilen etwas Trittsicherheit und Schwindelfreiheit. Mitunter verlaufen die Routen auf unmarkierten Etappen, die etwas Orientierungsgabe verlangen.

▼ SCHWARZ Bergfahrten dieser Kategorie sind anspruchsvoll. Sie eignen sich nur für Bergsteiger mit hervorragender körperlicher Verfassung, Ausdauer, Höhengewöhnung, absoluter Trittsicherheit, Schwindelfreiheit und alpiner Erfahrung. Sichere Wetterlage ist zwingende Voraussetzung. Die Routen verlaufen zum Teil über längere Strecken in abgeschiedenem, unerschlossenem, weglosem, steinschlaggefährdetem und unmarkiertem Berggelände oder über Gletscher mit Spaltenrisiko. Sie können bis in den Schwierigkeitsgrad II der UIAA-Skala hineinreichen.

Gefahren
Die alpinen Gefahren sind vielfältig und nur schwer zu kalkulieren. Vor allem das Wetter ist ein besonderes Kapitel. In den Sommermonaten sind Gewitter fast an

der Tagesordnung. Besonders an so genannten »Eisenwegen«, also an Drahtseilen, besteht erhebliche Gefahr durch Blitzschlag. Bei Blitzgefahr Gipfel, Grate und Wasserläufe meiden, nicht in Felsennischen oder Höhlen unterstellen! Mulden aufsuchen, in die Hocke gehen, Beine zusammen und Stöcke weglegen!
Selbst auf markierten Bergwegen, ja sogar Fahrwegen, droht in felsigen Bereichen, in steilen Schutt- und Geröllhängen oder Reißen Steinschlag, sei es nach Unwettern oder ausgelöst durch weiter oben unvorsichtig gehende Bergsteiger. Auch Gämsen können Steinschlag auslösen.
Ein besonderes Risiko besteht auf Schneefeldern, die in steilen Karen oder auf schattseitigen Flanken zu wahren Rutschbahnen werden können. Mit Wanderstöcken und gutem Schuhwerk ist man zwar sicherer in solchen Bereichen, doch vorsichtshalber sollte man dort – auch auf ausgetretenen Spuren – Leichtsteigeisen anlegen, vor allem, wenn der Schnee verharscht oder vereist ist.
Auf Gletschern braucht man besondere Ausrüstung. Steigeisen für eisige Etappen sind genauso Pflicht wie ein Eispickel. Selbst in vermeintlich spaltenfreien Gletscherbereichen muss man am Seil gehen, weil sich durch das Abschmelzen der Eisflächen immer wieder neue Gletscherspalten auftun, die es bisher nicht gegeben hat. Gletschertouren werden durch die Klimaveränderung gefährlicher.
Auch auf viel begangenen Routen können Felsengriffe, die sich zum Festhalten anbieten, ausbrechen. Neben der Steinschlaggefahr besteht dort auch eine erhebliche Absturzgefahr im Steilgelände. Deshalb darf man sich auf Felsengriffe immer erst dann verlassen, wenn man ihre Festigkeit vorher geprüft hat.
Selbst eine harmlose Wiese kann im Morgentau zu einer gefährlichen Gleitbahn werden. Nasses Gras stellt eine erhebliche Gefahr im Steilgelände dar, auch wenn die modernen Stiefelsohlen gerade in diesem Bereich deutlich besser geworden sind. Das gleiche gilt

Notruf

Bergrettung
Über das Handy ist – soweit Funkverbindung besteht – Hilfe über die europäische Notrufnummer 112 erreichbar. Die Bergrettung erreichen Sie in der Schweiz unter der Nummer 1414, in Österreich unter der Nummer 140 und in Italien unter der Nummer 118.

Alpines Notsignal
Trotz moderner Funktelefonie muss jeder Bergsteiger das Alpine Notsignal beherrschen, denn nicht überall besteht Funkkontakt.
Hilfe: 6-mal pro Minute ein gut sichtbares oder hörbares Signal in gleichmäßigen Abständen, gefolgt von 1 Minute Pause. Dann die Signale wiederholen.
Antwort: 3-mal pro Minute ein gut sichtbares oder hörbares Signal in gleichmäßigen Abständen, gefolgt von 1 Minute Pause. Dann Wiederholung.

Weite Rundschau zu Piz Zuort und auf Ftan,.

übrigens für glitschigen Lehmboden oder durch den »Angstschweiß« zahlreicher Bergsteiger glatt polierte Felspartien.

Ausrüstung

Im Gebirge muss man für jedes Wetter gerüstet sein. Leichte Sommerkleidung für strapaziöse Anstiege auf steilen Sonnenhängen, also kurze Hosen und ein luftiges T-Shirt (noch eins zum Wechseln) und ein Sonnenschutz für den Kopf gehören ebenso dazu wie warme Kleidung, bestehend aus langer Überhose, Fleece-Jacke oder Pullover, Handschuhe, warmer Mütze und natürlich Regenbekleidung. Die moderne Überbekleidung, die meistens eine Membrane besitzt, deren Bezeichnung mit »-tex« endet, hält in aller Regel nicht, was die Werbung verspricht und was das Sportgeschäft an Geld dafür verlangt. Besonders wichtig ist natürlich festes Schuhwerk mit griffiger Profilsohle. Trekkingschuhe sind zwar bequem und leicht, aber seitliche Stabilität gegen »Verknacksen« geben sie kaum.

Proviant braucht man natürlich auch, selbst wenn auf der Route Restaurants, Berggasthäuser und Hütten stehen. Manche Wirtshäuser haben Ruhetag oder sind aus anderen Gründen geschlossen. Die Verpflegung richtet sich nach den persönlichen Wünschen. Obst sollte allerdings nicht fehlen und ausreichend Getränke, aber bitte keinen Alkohol, auch wenn ein kühles Gipfelbierchen schon ein besonderer Hochgenuss sein kann. Am besten eignet sich Tee oder ein isotonisches Getränk, z.B. gespritzter Apfelsaft (Apfelsaftschorle).

Für die Sicherheit muss man im Gepäck eine Rucksackapotheke mit Rettungsdecke und – ja heute gehört es schon fast dazu – ein Handy haben, um notfalls schnelle Hilfe holen zu können, wenn Funkverbindung besteht.

Wenn die Sonne durch grelle Schnee- oder Gletscherflächen verstärkt vom Himmel strahlt, muss man sich entsprechend schützen.

Edelweiß.

Sonnenhut und Sonnenbrille alleine reichen nicht. Für die Haut und die Lippen sind Cremes mit entsprechend hohem Lichtschutzfaktor notwendig.
Natürlich darf eine gute Karte nicht fehlen. Für die Routen in diesem Führerbuch sind dies die Kompass-Karten im Maßstab 1:50 000, Blatt 52 (Vinschgau) und die Kümmerly + Frey Wanderkarten im Maßstab 1:60 000, Blatt Oberengadin und Blatt Unterengadin.
Für die verwegeneren Routen, die auch durch wegloses Gelände führen, muss man einen Kompass und einen Höhenmesser dabei haben, damit eine korrekte Standortbestimmung möglich ist. Für die besonders langen Touren braucht man eine Stirnlampe und vorsichtshalber einen Biwaksack. Fehlt nur noch ein Paar Teleskopstöcke, die den Aufstieg erleichtern und beim Abstieg die Belastung der Gelenke reduzieren. Braucht man auf ausgesetzten Passagen die Hände zum Festhalten, schnallt man die Stöcke an den Rucksack.

Beste Wanderzeit
Im Engadin und in den Münstertaler Alpen ist das ganze Jahr über Saison. Im Winter und im Frühjahr gehört das Gebirge allerdings den Skifahrern. Doch einige Wanderwege – vornehmlich in Talnähe – sind auch im Winter begehbar.
Die Zeit für die größeren Touren beginnt aber erst im Juni so richtig, Hochsaison ist der August. Dann ist der Schnee meist so weit abgeschmolzen, dass man auch über die größeren Lawinenkegel hinweggehen kann. Die Alpenblumen stehen in voller Blüte, und die Luft ist rein für eine schöne

Bergbahnen der Region

Bei einigen der vorgestellten Touren ist Bergbahnunterstützung möglich. Die meisten Routen sind allerdings ohne diese Aufstiegshilfen bechrieben:

Tour	Bezeichnung	Talort	Bergbahn
7	Piz Clünas	Ftan	Sesselbahn Ftan – Prui
34	Lej Muragl	Samedan/Pontresina	Standseilbahn Muottas Muragl
35	Chamanna Segantini	Samedan/Pontresina	Standseilbahn Muottas Muragl
36	Piz Languard	Pontresina	Languardbahn
45	Munt Pers	Pontresina	Diavolezzabahn
41	Fuorcla Surlej	Pontresina bzw. Silvaplana	Corvatschbahn

Wichtige Telefonnummern und Internetadressen

Alpine Auskunftsstellen

Schweizer Alpenclub (SAC), Tel.: 0041 (0) 31 370 18 18, www.sac-cas.ch
Österreichischer Alpenverein, Tel.: 0043 (0) 512/586828, www.alpenverein.at
Alpenverein Südtirol, Tel.: 0039 0471/999955, www.alpenverein.it

Wetterdienst Schweiz, Tel.: 0041 (0) 1/162, www.meteoschweiz.ch
Wetterdienst Österreich, Tel.: 0043 (0) 0900/911566-80, www.zamg.ac.at
Wetterdienst Italien, Tel.: 0039 0471/27 11 77, www.provinz.bz.it/meteo/suedtirol.htm

Kontaktadressen

Deutschland Schweiz Tourismus,
Postfach 160754, D-60070 Frankfurt,
Tel.: 00800 100 200 30,
info.de@switzerland.com

Österreich Schweiz Tourismus,
Neuer Markt 4, Postfach 34, A-1015 Wien,
Tel.: 0043 1/5 13 26 40,
info.at@switzerland.com

Italien Svizzera Tourismo Centro Svizzero,
Piazza Cavour 4, I-20121 Milano,
Tel.: 0039 02 76311221,
info.it@switzerland.com

Tourismusverbände

Ferienregion Engadin
Geschäftsstelle, CH-7504 Pontresina GR,
Tel.: 0041 (0) 81/8426573,
www.engadin.ch
Tourismus Val Müstair
CH-7532 Tschierv GR, Tel.: 0041 (0) 81/8503929, www.val-muestair.ch
Samnaun Tourismus
CH-7563 Samnaun-Dorf, Tel.: 0041 (0) 81/8685858, www.samnaun.ch
Tourismusverband Pfunds-Spiss
A-6542 Pfunds, Tel.: 0043 (0) 5474/5229, www.tirol.at/pfunds
Azienda Promozione Turistica
Via dala Gésa 407a, I-23030 Livigno (SO), Tel.: 0039 0342 996379, www.aptlivigno.it
Tourismusverein Taufers i.M
I-39020 Taufes i.M. (BZ), Tel.: 0039 04 73/83 21 75 od. 83 21 68,
www.taufers.org

Rundschau. Allerdings ist im Sommer das Gewitterrisiko beachtlich. Bei der Länge der Touren, die oft einen ganzen Tag oder sogar mehrere Tage beanspruchen, muss man dies unbedingt beachten. Im Herbst, an dem leider die Tage für große Touren schon wieder zu kurz sind, beschränkt man sich wieder auf die kleineren Bergfahrten. Das Wetter ist oft beständiger, und zum Höhepunkt der Laubfärbung können auch diese Touren zu tief greifenden Erlebnissen werden.

Angegebene Gehzeiten
Die in den Höhenprofilen und den Beschreibungen angegebenen Gehzeiten gelten für Bergwanderer mit guter Kondition. Sie sind also nicht bewusst lang deklariert, um auch dem Schwächsten noch eine Freude darüber zu bereiten, dass er die Zeiten des Führers unterbieten kann. Eine Leistung von 400 Höhenmetern pro Stunde wird im Steilgelände vorausgesetzt. Man braucht sich also nichts zu denken, wenn man länger braucht als hier angegeben.

Rätoromanische Wörter für den Bergsteiger und Wanderer

Im Engadin und im Münstertal wird deutsch gesprochen. Die Einheimischen allerdings reden untereinander rätoromanisch, das sich in vier – zum Teil sehr voneinander abweichende – Dialekte aufteilt. Damit es eine allgemein gültige romanische Sprache gibt, wurde im Jahr 1982 eine Schriftsprache geschaffen, die von der Lia Rumantscha gepflegt wird. Diese Sprache heißt »Rumantsch Grischun« und wird ständig um neue Wörter erweitert, die es in der alten Sprache nicht gegeben hat. Damit kann sie auch im modernen Leben verwendet werden (Software = paletta da programs). Viele Landschafts- und Geländenamen werden auf den Kartenwerken rätoromanisch ausgedruckt. Der Autor hat versucht, in einer Zusammenstellung die wichtigsten rätoromanischen Begriffe für Bergsteiger und Wanderer den deutschen Wörtern gegenüberzustellen.

aclaun	Weiler
agid, succurs	Hilfe
alp	Alpe, Alm
alv, alb	weiß
amunt, ensi	aufwärts, bergauf
ascender, muntar	hinaufsteigen, bergsteigen
ascensur, lift, runal, pendiculara	Lift, Skilift, Luftseilbahn
attenziun	Vorsicht, Aufmerksamkeit
aua da baiver	Trinkwasser
aura stemprada, malaura	Unwetter
autezza	Höhe
aval, engiu	abwärts, bergab
baselgia	Kirche
bes-cha, nursa	Schaf
blais, blaisun	Reiße, Runse, Geröllhang
bos-ch	Baum, Pflanze (Wald)
bova	Erdrutsch, Mure, Rutsch
bun di, allegra	Guten Tag
capricorn	Steinbock
chalet	Holzhaus
chamanna, chamonna, tegia	Hütte
chaminar, marschar	gehen
champ	Lager
chamutsch	Gämse
charta	Karte
chastè	Burg, Schloss
chatcha	Jagd
chava, crenna, foss	Rinne, Runse, Grube, Reiße
chaval	Pferd
chavriel	Reh
cho, chau	Kopf
clavà	Scheune
corn	Horn
costa, costaina, costainas	Rippe, Hang, Abhang, Hügel
cotschen	rot
crap, grip, saiss, mineral	Stein, Gestein
crasta, crest	Kamm
culm	Berg
cunfin	Grenze
cupitga, cupitgada, crudada	Sturz
cuvel, chaverna, grotta, tauna	Höhle
dadaint, daint, dadens	innerer, hinterer
dadora, dora,	vorderer, äußerer
davos, suenter	hinten, hinter
deviazun	Umleitung
direcziun, vart, tendenza	Richtung
disgrazia, accident	Unfall
En	Inn
Engiadin'ota	Oberengadin
Engiadina bassa	Unterengadin
evla	Steinadler
fain	Heu
fastiz	Spur
fieu	Feuer
flur, fluriziun	Blume, Blüte
foppa, vallà	Mulde
forcula, furcla, forcla, fourcl, fuorcl	Scharte, Sattel
fuaina, foclar	Feuerstelle

funtauna	Quelle
fuorn	Ofen
glatsch	Eis
glischen	rutschig
god, guaud, selva	Wald
Grischun	Graubünden
grond	groß
heli, helicopter	Hubschrauber
infurmaziun	Information
insuperabel	unüberwindbar
laina	Holz
lajet	Teich, kleiner See
latg	Milch
latgaria, chacharia	Sennerei
lavin, lavina	Lawine
lej, lai, leg, lägh	See
limitar	beschränken, eingrenzen
loipa	Loipe
lubir	erlauben, zulassen
militar	Militär
miniera	Bergwerk
monument da la natira	Naturdenkmal
munk, muntanella	Murmeltier
munt, muntogna	Berg
muot, muotas, motta, mot, mut, collina, bot, cresta, tuma, mutta, costaina, costa	Hügel, Kuppe
murtaröl, murtair, murtiröl, murter, murtera	hoch gelegene, muldige Alpweide
nair	schwarz
naiv	Schnee
ot, ota	hoch
ova, aual, ovel, aua, ual, dutg	Bach, Wasser
palü, palì, morast	Sumpf, Moor, Feuchtwiese
Parc Naziunal	Nationalpark
pendent, spundiv	steil
pernottaziun	Übernachtung
pitschen	klein
piz, testa	Spitze
pizza	Gebirge
plaun, plan, planira, nivel, champ	Ebene
plaunca, costa	Rippe, Abhang
plievga, daratga	Regen
plover, daratgar, pluschignar	regnen
prada	Wiese, Matte
privel	Gefahr
privel da vita	Lebensgefahr
prognosa	Wettervorhersage
protecziun (da la natira)	Schutz (Naturschutz)
rait da vias	Wegenetz
raiver	klettern
resgia	Säge
ristga, risico	Risiko, Wagnis
rumantsch, retorumantsch	rätoromanisch
ruttiva	Schneebrett
scumond, scumandada	Verbot
senda, trutg	Pfad, Weg
si, ensi, siadora	hinauf
stadi, situaziun, posiziun, condiziun	Zustand
stival	Stiefel
suenter	nach (loc.)
sur, suravia, suren, ber, da quai	über, oberhalb, darüoben
sut, suten, sutvi	darunter, unterhalb, unter
tagl	Holzfällung
tavla, tavletta, ensaina	Schild
tenda, campar	Zelt, zelten
territori da protecziun, reservat	Schutzgebiet
transversar, surmuntar	überqueren
travers	quer
tretscha, corda, suga	Seil
tschajera, brentina	Nebel
tschertga, retschertga	suchen
tschierv	Hirsch
ustaria, restaurant	Gasthaus
vadret, glatscher, firn	Gletscher
val	Tal
valletta	Tälchen
vatga	Kuh
velo	Fahrrad
verd	grün
via auta	Höhenweg
via, routa	Route
via, stradun, strada, viadi, senda	Straße, Weg
viafier, vial	Eisenbahn
vinars	Schnaps
vischnanca, vitg	Dorf
vista	Ausblick, Aussicht

1

Muterköpfl (Muttaköpfl), 2525 m

Grasberg über Spiss

Ausgangspunkt: Spiss Gande, 1730 m.
Höhenunterschied: 800 m.
Gehzeiten: Aufstieg 2½ Std., Abstieg 1½ Std., gesamt 4 Std.
Charakter: Aussichtsreiche Wanderung, die – besonders bei Nässe – auf den steilen Grashängen wegen der Rutschgefahr besondere Vorsicht erfordert.
Einkehr und Übernachtung: In Spiss.

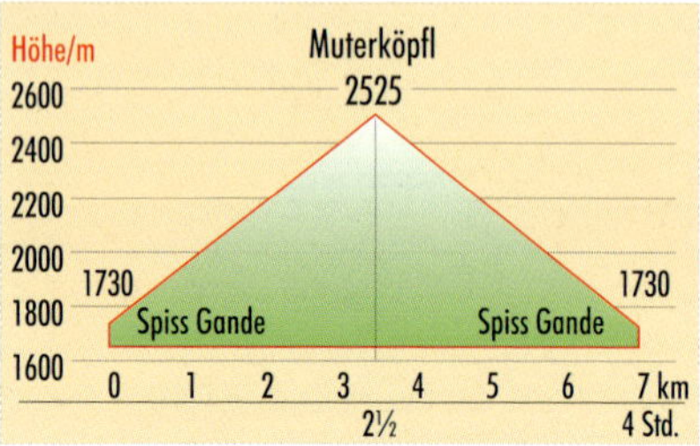

Karte: K+F Wanderkarte Unterengadin.

Typisch für die Berge der Samnaungruppe sind sehr steile, von Felsen durchzogene Grasberge. Sie werden teilweise noch heute bis zu extremer Steilheit gemäht, sodass in den Mahdwiesen kein Busch und kein Baum aufkommen kann. Die Bauern leisten hierbei gefährliche Schwerstarbeit und sorgen damit nicht nur für Viehfutter, sondern auch für den Erhalt dieser typischen Berglandschaft.

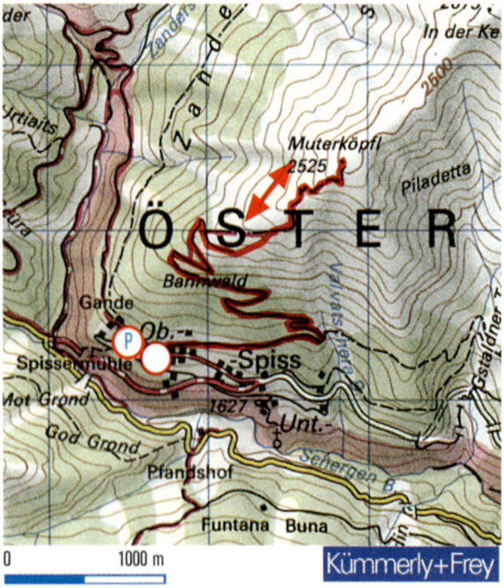

Der Anstieg zum Muttaköpfl, Mutterköpfel oder wie auch immer man den Berg nennen mag, führt von **Gande** gegen Osten im Wald hinauf, bei den beiden Wegverzweigungen links, bis der markierte Wanderweg rechts abdreht und über eine Rippe nach Osten gering abfallend über eine Wiese führt.
Man geht gemütlich dem Rücken entlang, bis der Pfad am Waldsaum nach links abdreht, um anschließend recht stramm anzusteigen. Im Wiesenhang wird ein Sträßchen erreicht,

Am Muterköpfl, hinten der Piz Mundin.

dem man so lange hinauf folgt, bis ein markierter Bergweg nach links abzweigt.
Er steigt noch etwas durch den lichten Wald an und führt schließlich zu einem Brunnen. Anschließend geht es über freie Wiesenhänge zwischen auffallenden Felsengebilden forsch hinauf, bis schließlich der **Gipfel** erreicht ist. Und **zurück** folgt man einfach der Aufstiegsroute.

Mot Grond, 2155 m

Schneller Samnaun-Sprint

Ausgangspunkt: Samnaun, Parkplatz am Nordwestrand von Samnaun neben dem Schergenbach, 1840 m.
Höhenunterschied: 350 m.
Gehzeiten: Aufstieg 1 Std., Abstieg 1 Std., gesamt 2 Std.
Charakter: Schneller Anstieg auf steilen Sonnenhängen; gemütlicher Rückweg; leicht und kurz, aber anstrengend.

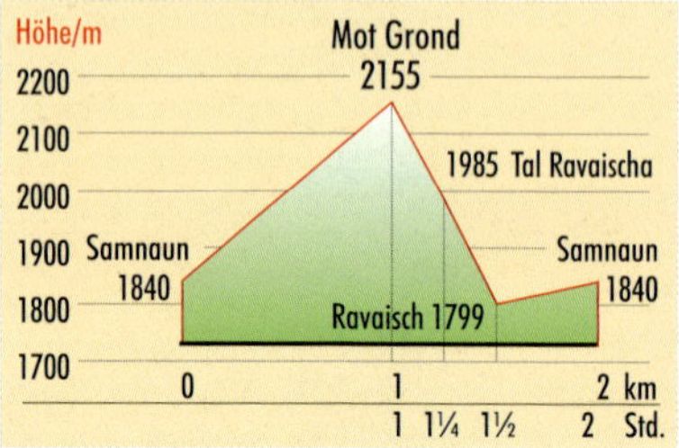

Einkehr und Übernachtung: In Samnaun. **Karte:** K+F Wanderkarte Unterengadin.

Wer nicht gar zu viel Zeit oder keine Lust auf große Touren hat, vielleicht auch weil das Wetter nicht stabil genug ist, ist auf dieser netten und panoramareichen Rundwanderung gut aufgehoben. Sie verlangt beim Aufstieg ein paar Schweißtropfen, vor allem, wenn die Sonne scheint, denn auf den grimmig steilen Südhängen kann es beim Aufstieg extrem heiß werden. Dafür gibt sich der Rückweg relativ moderat.

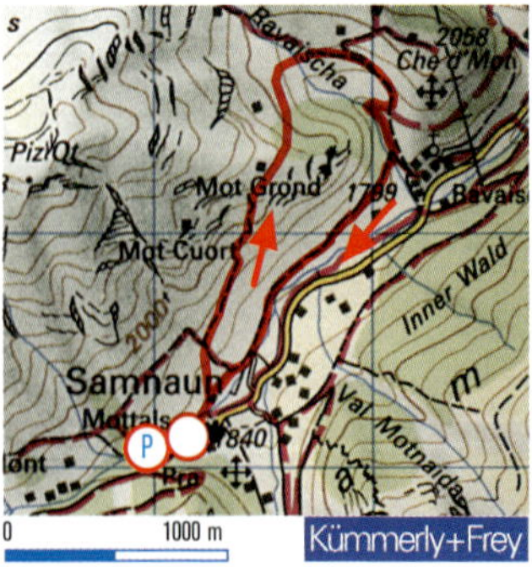

Auf der **Brücke** über den Schergenbach, zur Talstation des kleinen Schlepplifts etwas hinunter und gleich dahinter links abdrehen, um dem markierten Bergweg schräg zum Hang nach Norden ansteigend folgen. Der Pfad führt durch ein breites Hochtal und dann auf einen steilen Rücken zu. Über diesen schlängelt er sich in vielen engen Kehren steil hinauf und wendet sich auf der Höhe von etwa 2060 m nach rechts, zu einer weiteren Hangrippe.
35 Meter weiter oben knickt die Wegspur wieder links ab und führt in ein steiles Hangtal. Bald darauf schwenkt sie wieder nach rechts, führt über eine flache Wiese und erreicht die relativ unbedeutende **Kuppe** am höchsten Punkt der Rundwanderung.
Von der Scheitelstrecke am **Mot Grond** ein wenig rechts halten, den Markierungszeichen nach Nordosten über einen schönen,

Steile Wiesenhänge am Mot Grond.

licht bewaldeten Rücken folgen und dann etwas nach links drehen und in steilen Lärchenwald hinein. Am lehmigen Boden kann es dort bei Nässe durchaus rutschig werden.

Bald schon verlässt der Abstiegsweg den Wald, um deutlich flacher eine breite Hangmulde zu queren. Auf ein paar Meter durch eine schmale, steile Bachreiße und dann geht es ein kurzes Stück eben weiter. Der Bergweg dreht rechts ab und fällt in engen Kehren zum **Talbach im Ravaischa** ab. Dort den Wildbach queren und gleich darauf zur Wegvorzweigung.

Bei ihr rechts halten, am Weg talwärts und zu einem stark abfallenden Fahrweg, der nach Ravaisch hinabführt.

Am oberen Ortsrand von **Ravaisch** rechts abbiegen, wieder über den Bach und am Weglein in geringem Auf und Ab anfangs im Lärchenwald, dann auf freien Hängen oberhalb dem Schergenbach zum Ausgangspunkt in **Samnaun** zurück.

Stammerjoch (Grathöhe), 2726 m

Über dem Val Chamins

Ausgangspunkt: Samnaun, 1840 m.
Höhenunterschied: 900 m.
Gehzeiten: Aufstieg 2½ Std., Abstieg 1¾ Std., gesamt 4¼ Std.
Charakter: Anfangs einfache Wanderung, dann weitgehend wegloser Anstieg auf steilen Wiesenhängen und zuletzt ausgesetzter Gratübergang auf brüchigem Schieferfels. Für den unmittelbaren Gipfelanstieg braucht man Mut, Trittsicherheit und Schwindelfreiheit. Wer ängstlich ist, hört am grünen Vorgipfel auf.

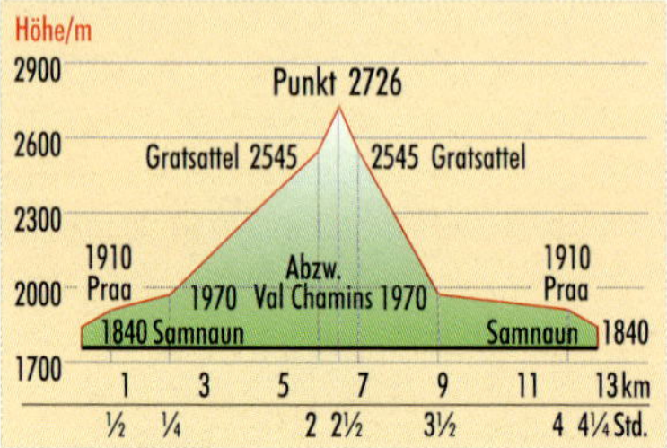

Einkehr und Übernachtung: Mehrere Möglichkeiten in Samnaun.
Karte: K+F Wanderkarte Unterengadin.

Ein schöner Rundweg führt aus dem Val Chamins über das Stammerjoch und durch das Val Maisas wieder nach Samnaun hinaus (oder anders herum). Doch wird bei dieser beliebten Wanderung kein Gipfel erreicht. Wer Gipfelfreuden erleben will, folgt der hier vorgestellten Route. Einen Namen hat der Gipfel zwar nicht, aber immerhin ist er die höchste Erhebung im Gratverlauf nördlich des Stammerjochs.

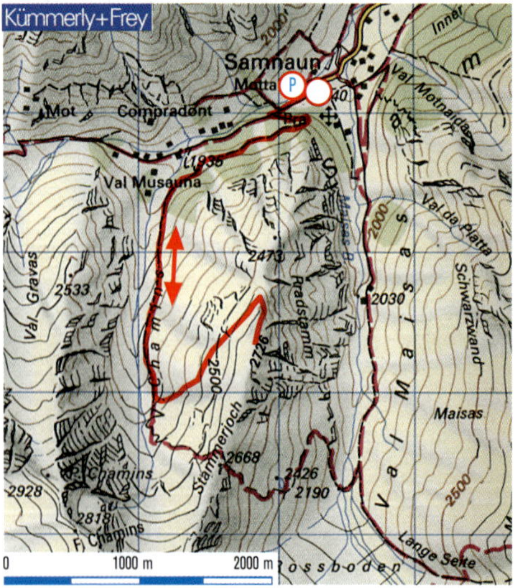

Von **Samnaun** nach Südwesten am Fahrweg in das Val Musauna hinein und schon nach wenigen Mi-

Der Punkt 2726 am Stammerjochgrat.

nuten nach links abzweigen, um dem Fahrweg zu folgen, der gegen Osten zum Wasserbauwerk in **Praa**, 1910 m, hinaufführt. Dort endet die Fahrspur und ein Wanderweg (Forstlehrpfad) zweigt nach rechts ab. Der gering gegen Südwesten ansteigende Pfad quert ein paar Lawinenrunsen und verzweigt sich oberhalb dem **Val Chamins**. Dort links abzweigen und in weitem Bogen auf die Ostseite des tief eingeschnittenen Val Chamins. Tief unten im Talgraben liegen meist das ganze Jahr über die Lawinenkegel, die von den Steilhängen unter dem Nordgrat des Piz Chamins abgegangen sind. Nun lange den steilen Grashang hinauf, bis nach links ein Bergpfad abzweigt, der aber schon bald endet. Man steigt nun über steile Wiesenhänge gegen Nordosten hinauf, auf der Höhe von 2480 m einen Felsriegel an geeigneter Stelle queren und zu einem grünen **Gratsattel** auf 2545 m hinauf.

Dort rechts abdrehen und auf deutlicher Trittspur dem Grat gegen Süden entlang. An einem unbedeutenden Wiesengipfel rechts vorbei und auf das letzte, felsige Gratstück zu. Über dieses bzw. auf seiner linken Seite vorsichtig über brüchigen Fels in geringem Auf und Ab zum **höchsten Punkt**.

Zurück auf der Aufstiegsroute.

Stammerjoch, 2668 m

Aus dem Val Chamins ins Val Maisas

Ausgangspunkt: Samnaun, 1840 m.
Höhenunterschied: 850 m.
Gehzeiten: Aufstieg 2¼ Std., Abstieg 2 Std., gesamt 4¼ Std.
Charakter: Anstrengende Rundwanderung. Der Anstieg aus dem Val Chamins ins Joch hinauf ist arg steil und trist.

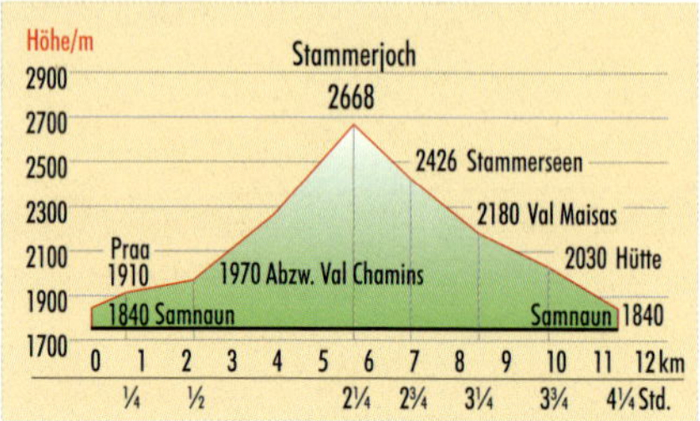

Einkehr und Übernachtung: In Samnaun.
Karte: K+F Wanderkarte Unterengadin.

Diese Wanderung ist sehr beliebt. Allerdings wird sie meist in der anderen als der hier vorgestellten Richtung durchgeführt. Das ist zwar auch recht schön, aber man muss bei schönem Wetter in der prallen Sonne den Steilhang ins Joch hinauf. Wer durch das Val Chamins aufsteigt und durch das Val Maisas zurückgeht kann, wenn er früh genug aufbricht, auch im Hochsommer in kühlem Schatten ansteigen und muss nicht gar so viel schwitzen.

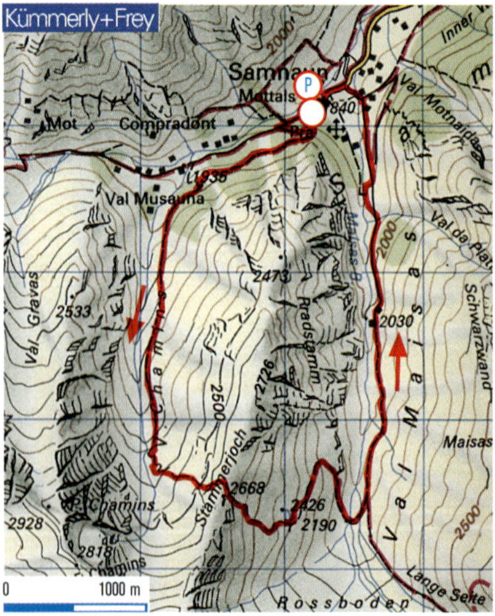

Von **Samnaun** nach Südwesten am Fahrweg durch das **Val Musauna** kurz hinauf und nach links zum Sträßchen abzweigen, das nach Osten zur Quellfassung in **Praa** ansteigt. Vom Wasserbauwerk nach rechts auf einen Wanderweg (Forstlehrpfad) und gering gegen Südwesten ansteigen. Der Bergweg quert ein paar Lawinengräben, ehe er sich hoch

So trist zeigt sich der Muttler vom Stammerjoch.

über dem **Val Chamins** verzweigt. Hier links schwenken und in weitem Bogen auf die Ostseite des tief abfallenden Val Chamins.

Lange am steilen Grashang talein, an einem Wasserfall links vorbei und dann links abdrehend in engen Kehren den Hang gegen Osten hinauf. Der Hang wird immer steiler und die Schutthänge werden immer karger. Erst im **Stammerjoch** bekommt man wieder Grünes zu Gesicht.

War es beim Aufstieg noch arg tristes Geröll, das die unmittelbare Umgebung prägte, so sind es nun steile, grüne Wiesenhänge. Über sie fällt der Bergweg in engen Kehren nach Osten ab, führt an den **Stammer Seen**, 2426 m, vorbei, die allerdings als Viehtränke herhalten müssen und entsprechend verschmutzt sind. Auch das Ufer ist niedergetrampelt und nicht besonders einladend. Die Abstiegsroute dreht nach Norden ab, umgeht in einer weit ausholenden Kehre einen Steilabbruch und schlängelt sich dann gegen Osten ins **Val Maisas** hinab. Dort muss man erst einmal den tristen Bachlauf des Maisasbachs queren, ehe man auf der östlichen Talseite zu einem guten Wanderweg stößt. Er fällt gegen Norden ab, führt zwischendurch ein paar Mal etwas aufwärts und stößt schließlich zur kleinen **Hütte** auf 2030 m Höhe. Dort beginnt ein schmaler Fahrweg, der nach **Samnaun** abfällt.

Muttler, 3294 m

Am Samnauner »Schutthaufen«

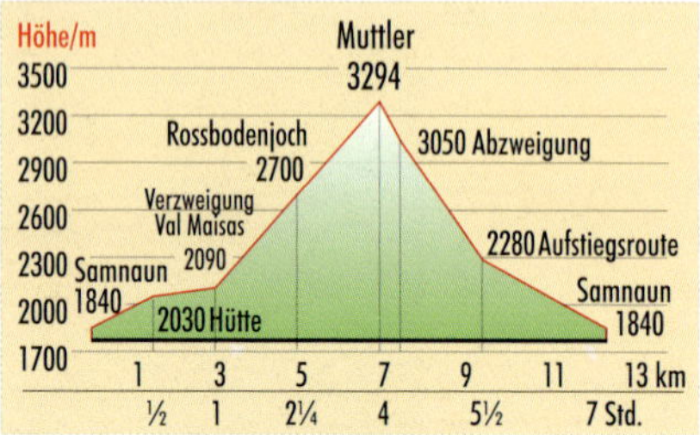

Ausgangspunkt: Samnaun, 1840 m.
Höhenunterschied: 1460 m.
Gehzeiten: Aufstieg 4 Std., Abstieg 3 Std., gesamt 7 Std.
Charakter: Gletscherfreie Hochtour auf einen arg tristen, aber panoramareichen Berg. Bei Neuschnee oder Vereisung gefährlich. Besonders auf der vorgestellten Abstiegsroute sind Trittsicherheit und Schwindelfreiheit in jedem Fall erforderlich.
Einkehr und Übernachtung: Mehrere Möglichkeiten in Samnaun.
Karte: K+F Wanderkarte Unterengadin.

Wie der Touristikverein Samnaun auf die Idee gekommen ist, den Muttler als »König von Samnaun« zu bezeichnen, wird allen, die den Berg aus der Nähe kennen, ein Rätsel bleiben, dessen Lösung in den Tiefen der kargen Schutthänge für immer verborgen sein wird. Die Respekt gebietende Höhenangabe allein bringt's nicht und die triste Antennenanlage am Gipfel (die irgendwann verschwinden soll) verleiht dem zweifelhaften König auch kein angemessenes Ambiente. Allein die umfassende Gipfelschau, die bei einem Dreitausender dieses Kalibers wohl selbstverständlich ist, und die einigermaßen alpinen Herausforderungen am Berg sind zwar Grund genug

Monotoner Abstieg vom Muttler.

für so eine anstrengende Tour, aber ob das zum König reicht? Viel schöner ist der Berg im weißen Winterkleid, das in der Tat ein wenig an Hermelin erinnert. Doch die beliebte Skitour dort hinauf ist ein anderes Kapitel.

Vom **Parkplatz** am Eingang in das Val Maisas folgt man einem Fahrweg bis zu einer **Hütte**. Dort endet das Sträßchen und ein guter Wanderweg führt zur Wegverzweigung weiter talein. Nun in ausholender Linkskehre zwischen Rossboden und Langer Seite nach Osten hinauf und auf 2280 m Höhe wieder zu einer Routenverzweigung. Dort abermals links abbiegen und deutlich steiler zum **Rossbodenjoch** hinauf. Im Joch rechts abdrehen und gegen Süden dem breiten, felsigen Gratrücken folgen und ein paar Felsenköpfel auf ihrer rechten Seite umgehen.
Anschließend zum breiten Schuttrücken hinauf und in die steile Gipfelflanke hinein. Auf ihr im rauen Schiefergestein immer steiler hinauf, bis schließlich der **Gipfel** erreicht ist.
Vom Gipfel zum Südwestgrat hinab und bald schon einer Drahtseilsicherung nach links vom Grat hinunter folgen. Das Schiefergestein ist auf dieser Etappe arg brüchig und gebietet große Besonnenheit. Nach der kurzen Seiletappe führt die Abstiegsroute auf einen sehr steilen Rücken, der aber bald schon spürbar flacher wird. Dann geht es – wegen des sehr losen Schieferschutts recht vorsichtig – über einige unbedeutende Graterhebungen hinüber, bis auf der Höhe von rund 3050 m, noch oberhalb der Furcla Maisas, nach rechts eine markierte Wegspur abfällt. Sie führt in vielen Serpentinen durch bedrückende Geröllhalden zu einem Labyrinth aus Lawinenbahnen und Bachrunsen und schließlich zur Aufstiegsroute, der man nach **Samnaun** folgt.

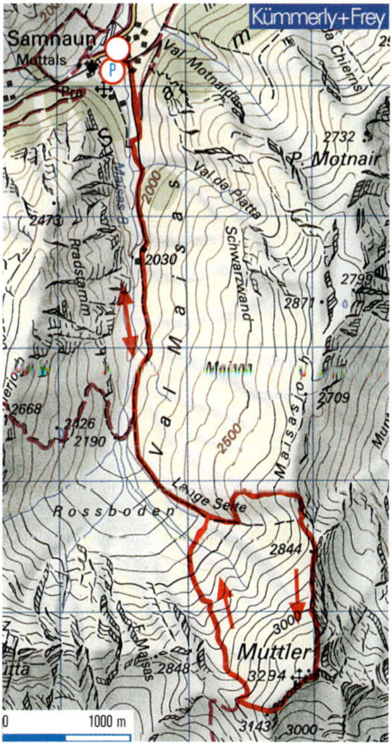

Piz Arina, 2828 m

Am »Blumenberg« von Vnà

Ausgangspunkt: Vnà, 1602 m.
Höhenunterschied: 1230 m.
Gehzeiten: Aufstieg 3¾ Std., Abstieg 3¼ Std., gesamt 7 Std.
Charakter: Aussichtsreiche Rundtour. An zwei kurzen Stellen am Gipfel-Nordgrat braucht man Trittsicherheit und Schwindelfreiheit. Gute Kondition ist wegen der Länge der Tour notwendig. Sehr interessanter Blumenberg.
Einkehr und Übernachtung: In Vnà und Ramosch.
Karte: K+F Wanderkarte Unterengadin.

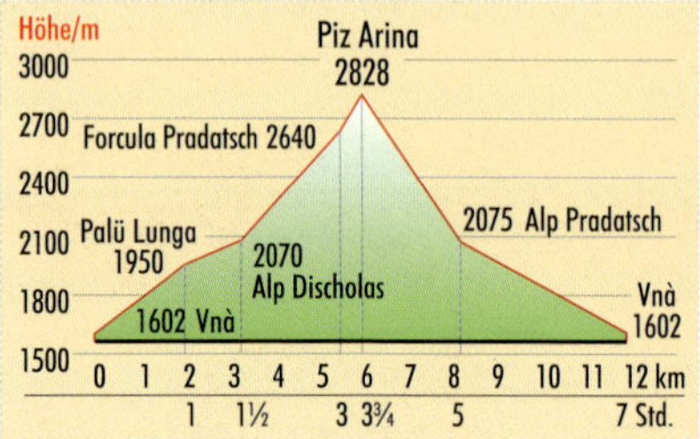

Die geologischen Eigentümlichkeiten im Unterengadiner Fenster, wo kristallines Gestein mit Kalk wechselt, und das ausgesprochen trockene Klima in diesem Bereich haben am Piz Arina eine Blumenwelt hervorgezaubert, wie sie in den Nordalpen einzigartig ist. Strahlenginster, Purpurklee, Jupiter-Lichtnelke, Rätischer Pippau, Nickender Steinbrech und die extrem seltene Österreichische Drachenwurz gedeihen in diesem Gebiet, um nur einige der wichtigsten Raritäten zu nennen.
Wer sich mit Blumen nicht so auskennt, kann trotzdem an diesem Berg gefallen finden, denn die Rundschau in die

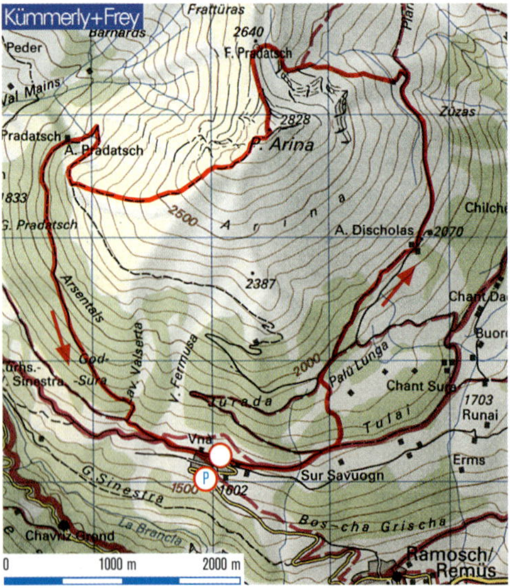

Am Piz Arina.

Silvrettaberge, die Samnaungruppe und die benachbarten Gipfel der Unterengadiner Dolomiten interessiert auch den Nicht-Botaniker.

Vom unteren Ortsrand des malerischen **Vnà** geht man die kurvige Straße durch den Ort hinauf und nach Osten in lichten Wald hinein. In einer engen Linkskehre zum Wanderweg, der immer steiler wird. Beim oberen Rand des Moors **Palü Lunga** kurz am Almweg und diesen nach links verlassen, um dem Sträßchen bis zur **Alp Discholas** zu folgen. Nun gegen Norden über stark geneigte Grashänge zum Linksknick der Route und über steile Weidewiesen nach Nordwesten (weiter oben nach Norden) zur **Forcula Pradatsch** (2640 m). Vom Steinmann in der Forcula nach links (gegen Süden) auf den Grat und über ihn zum **Gipfel** hinauf.
Vom Gipfel über Wiesenhänge nach Südwesten hinab. Auffallende Steinmänner markierten die Route, die hauptsächlich auf der Höhe eines breiten Rückens steil abfällt und kurz vor dem Waldrand rechts abdreht. Ein Weg führt durch schütteren Wald kurz gegen Nordosten und fällt dann zur **Alp Pradatsch** gegen Südwesten ab. Dann zunächst noch gegen Westen, später in weitem Schwenk nach Süden und steil durch den Wald hinab. Beim steilen Val Serta dreht die Route scharf rechts ab und führt gleich darauf zu einem Fahrweg, der nach **Vnà** zurückführt.

7

Piz Clünas, 2793

Über Edelweißwiesen

Ausgangspunkt: Bergstation der Sesselbahn von Ftan, 2058 m. **Höhenunterschied:** 730 m im Aufstieg, 1160 m im Abstieg. **Gehzeiten:** Aufstieg 2 Std., Abstieg 2½ Std., gesamt 4½ Std. **Charakter:** Unschwierige Wanderung über herrliche Blumenwiesen und triste Geröll- und Schotterhänge in den oberen Regionen. In der Nähe des Gipfels kann man am schönen Lai da Minschun lange rasten, wenn das Wetter passt. Die Edelweiß bitte nicht pflücken.
Einkehr und Übernachtung: In Ftan.
Karte: K+F Wanderkarte Unterengadin.

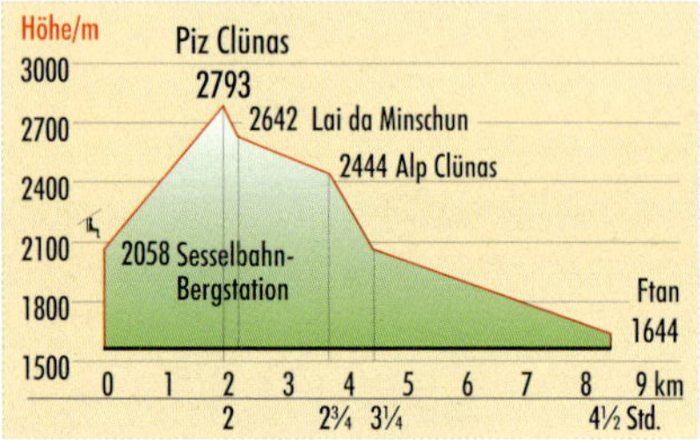

Gleich drei interessante Gipfel ließen sich von der Bergstation der Sesselbahn von Ftan aus erobern. Das wären neben dem Piz Clünas noch der Piz Minschun (3068 m) und der unscheinbare Minschun Pitschen, 2928 m, der auf manchen Karten noch als Piz la Greala bezeichnet ist. Eine besondere Attraktion sind die Edelweißwiesen oberhalb der Alp Clünas, über die der Anstiegsweg hinaufführt.
Weil es gar so bequem ist, fährt man bei dieser Wanderung ausnahmsweise mit der Sesselbahn auf. Im Hochsommer fährt die erste Bahn

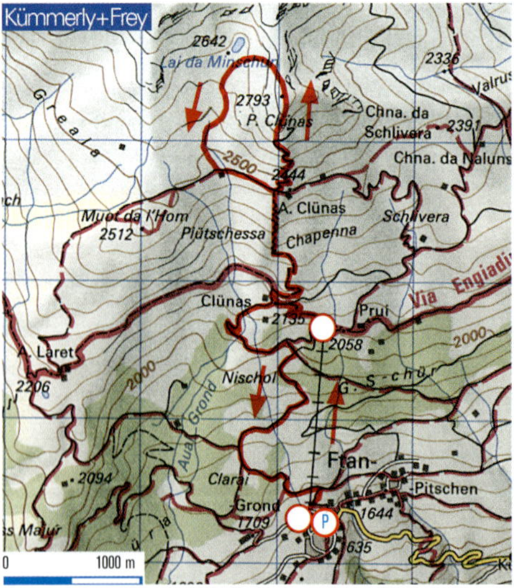

schon relativ früh (aktuelle Abfahrtszeiten an der Talstation erfragen), da bleibt für die Bergtour noch viel Zeit.

Von der **Bergstation der Sesselbahn** gegen Westen auf den Lärchenwald zu, der aber schon nach 15 Minuten wieder verlassen wird. Kurz am Fahrweg gegen Westen und an bezeichneter Stelle auf einen schmalen Pfad abzweigen. In vielen Kehren schen Lawinenverbauungen zum weiten Gipfel des **Piz Clünas**. Vom Gipfel in der gleichen Richtung weiter und vor einem Gratsattel links abzweigen. Auf Trittspuren zum **Lai da Minschun**, 2642 m, hinab. Westlich der Aufstiegsroute verlaufen Wegspuren vom See gering abfallend über feuchte Wiesen am Rand von Blockwerk gegen Südosten zur **Alp Clünas** hinunter, wo wieder der Aufstiegsweg erreicht wird.

Aufstieg zum Piz Clünas, im Hintergrund Piz Zuort.

über üppige Blumenwiesen gegen Norden hinauf und die Straße bei der Alp Clünas queren. Der Bergweg schwingt sich immer steiler auf und führt zwi- Man folgt ihm zur Wegverzweigung bei Clünas. Dort rechts abzweigen und entlang der markierten Route auf Fahrsträßchen nach **Ftan** hinab.

Chamanna Cler, 2476 m – Muot da l'Horn, 2330 m

Rundtour am Fuße des Piz Cotschen

Ausgangspunkt: Bos-cha, 1664 m.
Höhenunterschied: 820 m.
Gehzeiten: Aufstieg 2 Std., Abstieg 2 Std., gesamt 4 Std.
Charakter: Leichte Halbtages-Rundtour im Alpbereich mit schönen Ausblicken.
Einkehr und Übernachtung: In Ardez.
Karte: K+F Wanderkarte Unterengadin.

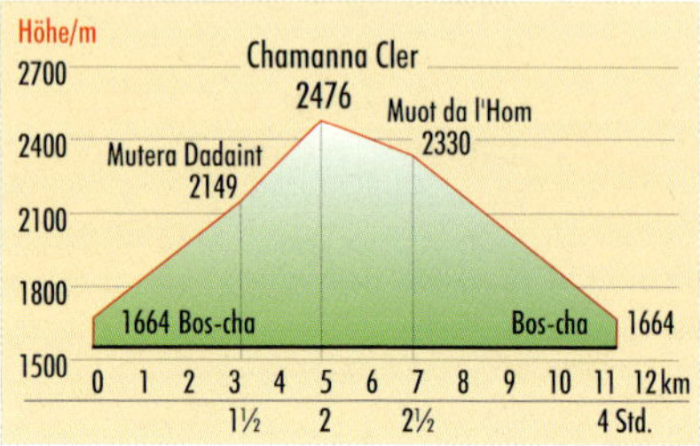

Über den Alp-Bereich führt diese aussichtsreiche und mit ein paar malerischen Seeaugen garnierte Rundwanderung nicht hinaus, doch bietet die Tour dem engagierten Bergfex die Option, einem stattlichen Dreitausender aufs Haupt zu steigen. Der Piz Cotschen, bei Skitourengehern längst ein Begriff, erhebt sich am Nordrand dieser Tour in den strahlenden Silvrettahimmel und wird für manche zu einer Herausforderung, der sie nicht widerstehen können.

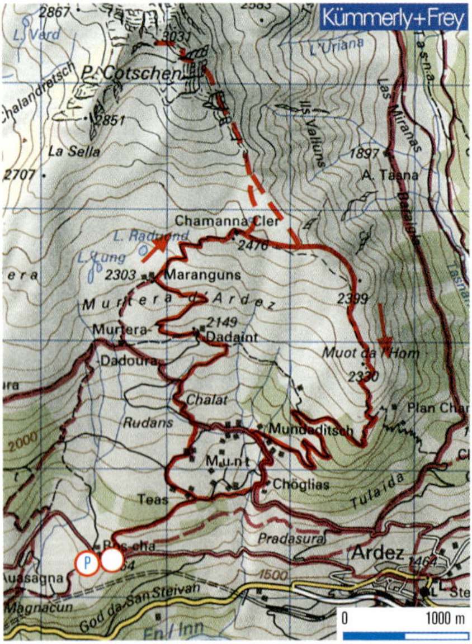

Vom östlichen Ortsrand des kleinen Bergdorfs **Bos-cha** am Sträßchen nach Norden durch lichten Lärchenwald und schon bei der ersten Wegabzweigung links halten,

Kleiner See oberhalb der Chamanna Cler.

um nach Teas anzusteigen. In der Feriensiedlung nach links weiter und an markierter Stelle nach rechts und dann durchs Gebüsch zu einem weiteren Fahrweg. Auf ihm nur kurz gegen Nordwesten und dann über Chalat nach Norden weiter und in Kehren über **Murtera Dadaint** in die freien Hänge von Murtera d'Ardez. An der Alphütte Maranguns vorbei und gegen Nordosten unter den kleinen Seen Lai Lung und Lai Raduond auf die **Chamanna Cler** zu, die man schon von weitem sieht. Etwas über der Hütte des Skiklubs Ardez finden sich noch ein paar kleine Seen und wer Lust hat, kann dort noch hinüberbummeln. Wer noch große Ziele hat, macht sich gleich auf den Weg nach Norden zum **Piz Cotschen** (hin und zurück 3 Std.; Trittsicherheit und Schwindlfreiheit erforderlich).

Der Rückweg verläuft gegen Südosten ziemlich flach über freie Wiesen weiter und in weitem Rechtsbogen zum **Muot da l'Hom**, 2330 m. Vom Steinmann auf dieser wenig bedeutsamen Erhebung in ungezählten Kehren über schöne Blumenwiesen nach Süden oberhalb von Lawinenschutzbauwerken über den Hang Tulaida zu einer kleinen Hütte und gleich darunter zu einem Sträßchen. Auf ihm zunächst gegen Nordwesten und dann in Serpentinen nach Süden, später wieder Nordwesten zur Alpsiedlung Munt. Von dort auf einem Sträßchen über eine weite, ebene Wiese zur Aufstiegsroute, die kurz vor Teas erreicht wird. Auf ihr nach **Bos-cha** zurück.

Flüela Wisshorn, 3080 m

Winterlücke, Weißhorn und Jöriseen

Ausgangspunkt: Wägerhus an der Flüela Passstraße, 2207 m. **Höhenunterschied:** 1100 m. **Gehzeiten:** Aufstieg 2¼ Std., Abstieg 3¾ Std., gesamt 6 Std. **Charakter:** Lange, anstrengende Hochtour, die Trittsicherheit und Schwindelfreiheit verlangt. Der Gipfel ist schnell erreicht, aber für den langen Abstieg (mit sattem Gegenanstieg) ist Ausdauer notwendig. Gletscherüberschreitung nur mit entsprechender Ausrüstung (Seil, Pickel, Steigeisen)! Steinschlaggefahr! Guter Orientierungssinn notwendig. Nur bei guter Sicht. **Einkehr und Übernachtung:** Im Hospiz am Flüelapass.
Karte: K+F Wanderkarte Unterengadin.

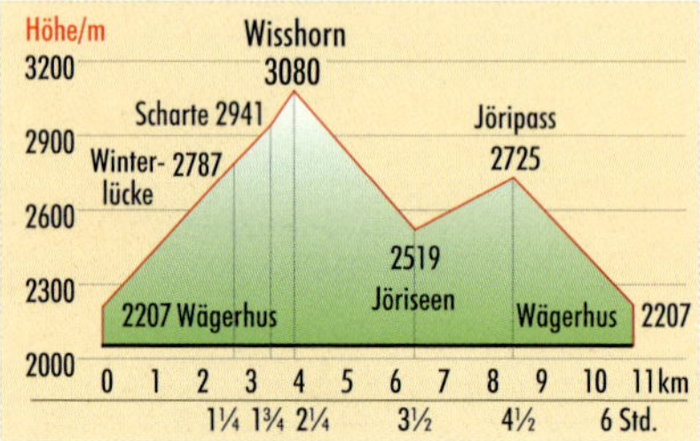

Mit dem Bau des Vereina-Tunnels, durch den Reisende und Autos auf der Bahn in Windeseile aus dem Unterengadin nach Davos transportiert werden, hat der Flüelapass seine Bedeutung weitgehend eingebüßt. Im Winter wird er nicht mehr geräumt und im Sommer fahren hauptsächlich Ausflügler über die Trennungslinie zwischen den Silvretta- und den Albulabergen. Die wahre Schönheit dieser Berge sieht man vom Pass aus nicht. Denn – wie meist im Engadin – auch diese Gipfel sehen oberhalb der Waldgrenze wie triste Schutthaufen aus, wenn man sie von unten betrachtet. Aus der Nähe aber gibt sich diese Tour gespickt mit landschaftlichen Attraktionen. Auf- und Abstieg führen über den Jörigletscher, mit allen Risiken, die eine Gletschertour mit sich bringt. Bei solider Schneedecke ist die Gletscherquerung fast ein Spaziergang, bei dünnem Schnee aber ergibt sich ein erhebliches Spaltenrisiko und bei blankem Eis wird die

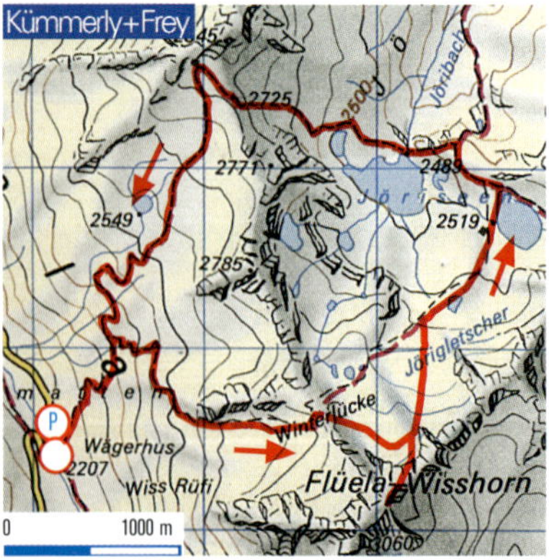

Die Jöriseen am Wisshorn.

Sache zu einer tristen, rutschigen Angelegenheit mit großen Gefahren. Besondere Anziehungskraft haben auf dieser Tour die weit unter dem Gipfel liegenden Jöriseen. In ihnen sammelt sich das Gletscherwasser, das sich in den einzelnen Seen klärt und zwischen milchig grün und glasklar blaugrün schimmert.

Anfangs ist der Routenverlauf beschildert und markiert. Er steigt vom **Wägerhus** gegen Nordosten an und wendet sich durch karge Hänge zur Verzweigung auf der Höhe von 2351 m. Dort rechts (gegen Osten) abdrehen und recht steil zur **Winterlücke**, 2787 m, hinauf. Nun mit gutem Gespür für die beste Routenfindung gegen Südosten weiter, schräg über die Hänge des Jörigletschers (evtl. Steigeisen) und in die **Scharte** unter dem Gipfelgrat. Dort rechts und – auf Steinschlag achtend – zum Nordostgrat des **Weißhorns**. Über ihn nun recht steil und ausgesetzt zum höchsten Punkt hinauf.

Hinab geht es wieder über diesen Grat und aus der **Scharte** auf den Jörigletscher. Über ihn geradewegs nach Norden hinab, vorsichtig über die – je nach den Verhältnissen riskante – Querspalte ,und dann flachen die Gletscherhänge deutlich ab. An Schmelzwasserpfützen vorbei, über scharfkantigen Schutt und auf nassen Wiesen zu den idyllischen **Jöriseen**. Auf Pfad am Nordufer der Seen weiter und zum **Jöripass**, 2725 m, hinauf. Eigentlich hieß er mal »Flüelajörifurka« aber das ist wohl ein wenig zu umständlich geworden. Der restliche Abstieg fällt aus dem Pass nach Südwesten durch das Müllersch Tälli zum **Ausgangspunkt** ab.

10

Schwarzhorn, 3146 m

Der »Renner« am Flüelapass

Ausgangspunkt: Bushaltestelle ca. 1½ km südöstlich der Höhe des Flüelapasses, 2340 m.
Höhenunterschied: 810 m.
Gehzeiten: Aufstieg 2¼ Std., Abstieg 1¼ Std., gesamt 3½ Std.
Charakter: Überlaufener, einfach zu besteigender, aber »stolzer« Dreitausender. Nur die Höhe muss man gewöhnt sein. Einsamer ist es am Radüner Rothorn.
Einkehr und Übernachtung: Im Hospiz am Flüelapass.
Karte: K+F Wanderkarte Unterengadin.

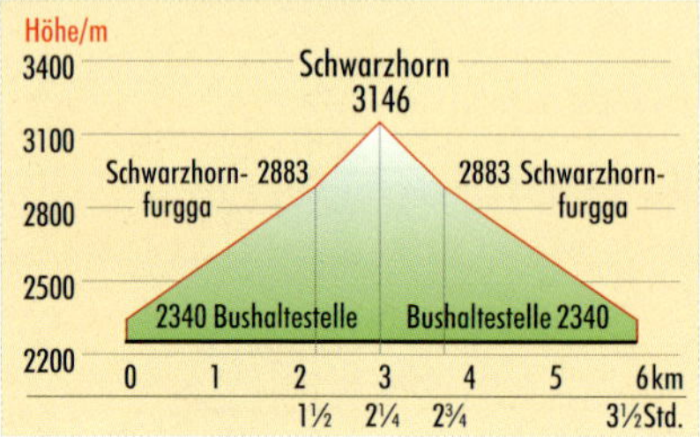

Besonders aufregend ist die Gegend rund um den Flüelapass nicht gerade. Triste, kahle Hänge kennzeichnen diese Bergwelt, und die Gletscher, die in der Ferne noch für ein wenig Spannung sorgen, ziehen sich – wie überall – auch dort immer mehr zurück. Doch das Schwarzhorn spart – so, wie das benachbarte Flüela Wisshorn – nicht mit Glanzlichtern. Neben der großartigen Gipfelrundschau zeigen sich immer noch grell strahlende Firnfelder, die in bizarrem Gegensatz zu den dunklen Felsen der düsteren Berggestalten stehen. Man wird angesichts dieser Ausblicke trotz der Einfachheit der Route nicht vergessen können, dass man sich im Hochgebirge bewegt, das vor allem bei Wetterumschwüngen erhebliche Risiken bergen kann.

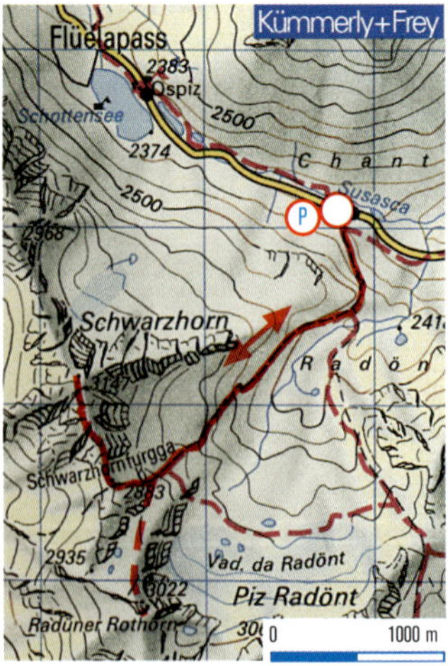

Seinen Namen hat das Schwarzhorn zu Recht. Er kommt vom Amphibolit, einem dunklen magmatischen Gestein, aus dem es besteht.
Der Anstieg verläuft auf einem Bergweg aus dem **Tal des Susascabachs** gering ansteigend

nach Süden hinauf. Nur zwischendurch wird es mal steil und zwar unter glatten Felsen, um die sich die Route wendet. Doch gleich darauf wird es wieder spürbar flacher.

Gipfelschau vom Schwarzhorn bis zu den Berninabergen.

Hoch oberhalb dem Radönt führt der Bergweg moderat ansteigend durch das Tal und zur **Schwarzhornfurgga** hinauf. In diesem breiten Sattel rechts abzweigen und dann ein wenig eng, aber nicht schwierig zum breiten Gipfelrücken. Über ihn durch einförmiges Geröll zum behäbigen **Gipfel** hinauf.

Wer mit dieser Wanderung nicht genug hat, kann das wesentlich einsamere Radüner Rothorn, 3022 m, besuchen (ab der Abzweigung vor der Schwarzhornfurgga hin und zurück 2 Std.; weglos). Der **Abstieg** verläuft übrigens entlang der Aufstiegsroute, wobei man bei klarer Sicht ein bisserl variieren und direkt zur Passhöhe hinüber wechseln kann, wenn man das will.

Porta d'Es-cha, 3008 m

Am Fuße des Piz Kesch

Ausgangspunkt: Parkplatz an der Albulapassstraße, etwa auf der Hälfte der Strecke zwischen der Alp Nova und dem Hospiz, etwa 2250 m.
Höhenunterschied: 760 m.
Gehzeiten: Aufstieg 3 Std., Abstieg 2 Std., gesamt 5 Std.
Charakter: Trotz des bescheidenen Höhenunterschiedes recht anspruchsvolle Bergtour an den Rand des Vadret da Porchabella. Grimmiger Felsaufstieg am Klettersteig zur Porta d'Es-cha.

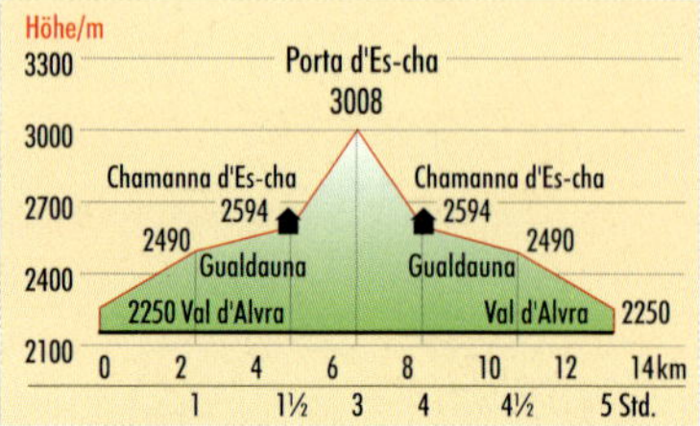

Einkehr und Übernachtung: Chamanna d'Es-cha, 2594 m.
Karte: K+F Wanderkarte Oberengadin.

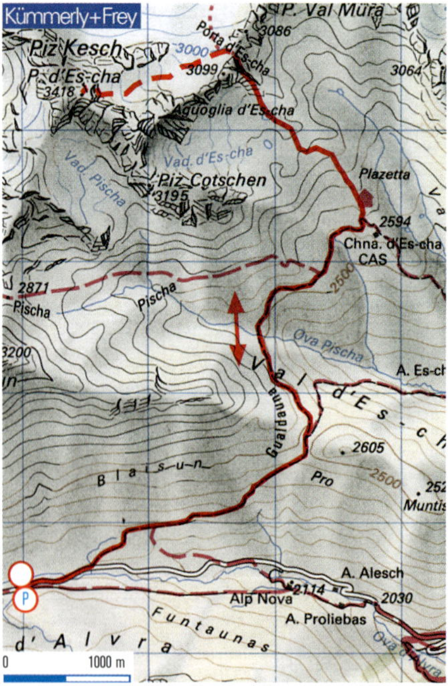

Der Piz Kesch (Piz d'Es-cha) ist mit 3418 m Höhe eine der herausragendsten Berggestalten der Albulaalpen und als Gipfelziel sehr begehrt und auch oft unterschätzt. Denn der Anstieg über den spaltengefährdeten Vadret da Porchabella und der Gipfelanstieg über brüchigen Fels verlangen alpine Erfahrung in Fels und Eis. Vor allem muss man am Seil gehen. Deutlich harmloser, aber auch nicht ohne Nervenkitzel verläuft der Anstieg bis zur Porta d'Es-cha, mit der es Wanderer bewenden lassen sollten. Die landschaftlichen Ein-

Unter der Porta d'Es-cha.

drücke sind auch dort beeindruckend.
Aus dem **Val d'Alvra** nur ein paar Meter nach Norden ansteigen und dann gegen Nordosten (rechts) abzweigen und die steilen Hänge des Piz Blaisun queren, bis man links abdrehend in den Sattel zwischen Piz Blaisun und Munticschè kommt, der **»Gualdauna«** heißt. Dort links abdrehen und nahezu eben dem gut angelegten Steig nach Nordwesten, steile Schuttrinnen querend, folgen. Gering abfallend geht es zur Brücke über den Ova Pischa und die Route steigt in weitem Rechtsbogen zur **Chamanna d'Escha** an.
Bei der Hütte dreht man nach links (Nordwesten) ab und geht auf Wegspuren den Höhenrücken hinauf. Dabei sieht man schön zur auffallend scharfen Keschnadel. Nun geht es, tristen Moränenschutt vor Augen, an einem türkisgrünen Eissee vorbei und den Markierungszeichen folgend unter die **Porta d'Es-cha**. Dann wird es anspruchsvoll. Gottlob findet sich in dem Felsaufstieg, der durch eine glatte Rinne arg steil hinaufführt, eine Eisenkette, sonst hätten viele keine Chance, weiterzukommen. Am oberen Ende dieser anspruchsvollen Passage kommt man in die **Porta d'Es-cha** und zum Gletscherrand. Wer wirklich noch zum Kesch hinauf will, seilt an, sondiert vorsichtig die Gletscherspalten und geht über den Vadret da Porchabella nach Westen hinauf und vom oberen Gletscherrand über brüchigen Fels (II) zum **Gipfel** (hin und zurück gut 2½ Std.). **Zurück** entlang der Aufstiegsroute.

Piz Julier, 3380 m

Dem Piz Güglia aufs Haupt

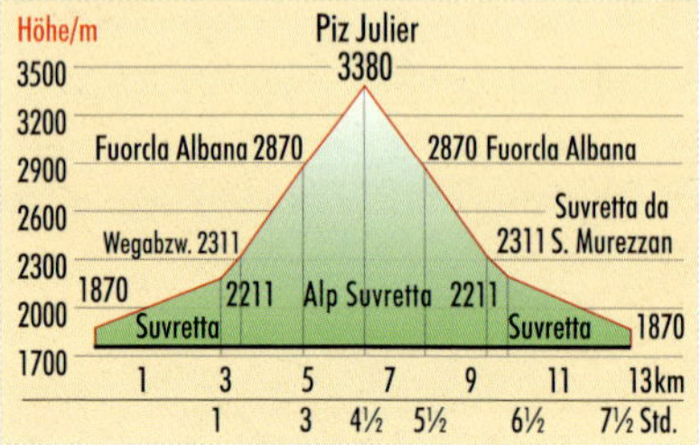

Ausgangspunkt: Suvretta, Talstation der Seilbahn in der Nähe des Suvretta-Hauses, 1870 m.
Höhenunterschied: 1510 m.
Gehzeiten: Aufstieg 4½ Std., Abstieg 3 Std., gesamt 7½ Std.
Charakter: Anstrengende, beliebte Hochtour mit einem sehr beachtlichen Höhenunterschied. Keine Übernachtungsmöglichkeit auf der Route! Grundsätzlich einfach, doch beim felsigen, aber gesicherten Gipfelanstieg braucht man etwas Trittsicherheit und Schwindelfreiheit.
Einkehr und Übernachtung: Keine.
Karte: K+F Wanderkarte Oberengadin.

Man sieht es dem wild aufragenden und markanten Piz Julier nicht an, dass er – gemessen an seiner Höhe und seiner scharf geschnittenen Form – für den engagierten Bergwanderer relativ einfach zu erreichen ist. Auf seiner schwachen Seite, dem felsigen Ostgrat, ist er nämlich mit Seilen und Eisenketten fast ein wenig zu viel ausgebaut, sodass die alpine Spannung in den Sicherungsanlagen ein bisserl hängen bleibt ...

Nur die große Höhe und die Länge der Tour sind eine echte Herausforderung, für die man beste Kondition mitbringen muss.

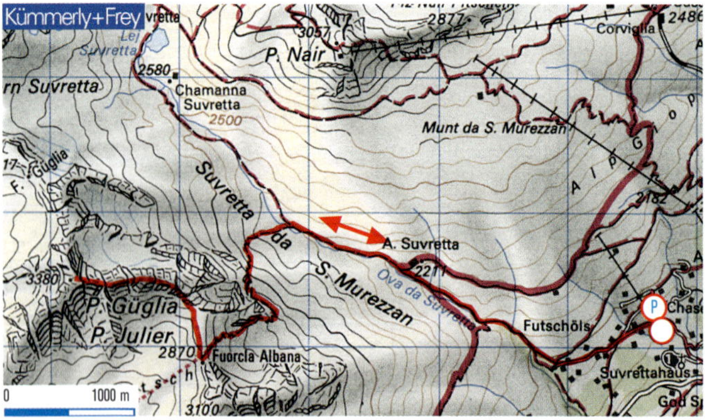

Gipfelschau vom Piz Julier zum Piz Lagrev.

Von den beiden Gletschern am Piz Julier, die auf der Nordseite des Berges in steilen, ostseitigen Mulden ihr Dasein fristeten, konnte nur einer überleben, aber auch seine Tage sind gezählt.

Der Anstieg führt am Fahrweg zwischen exklusiven Villen Richtung Suvretta da San Murezzan in das Tal hinein. Auf der Nordseite des Ova da Suvretta moderat ansteigend gegen Nordwesten hinauf, bis weit hinter der **Alp Suvretta** auf der Höhe von 2311 m der beschilderte Bergweg nach links abzweigt. Er führt aus dem breiten Tal gegen Süden heraus und in triste Geröllhänge. Über sie schlängelt er sich den Berg hinauf, umrundet die Ausläufer des Ostgrats und steigt mühsam zur **Fuorcla Albana**, 2870 m, an. In der Scharte rechts abdrehen und am markierten Steig nach Norden zum Ostgrat hinauf. Trotz der felsenfesten Sicherungsanlagen muss man dort aufpassen, vor allem darauf, dass man sich nicht verläuft, weil einige Trittspuren vom rechten Weg abzweigen. Die Route führt über den unbedeutenden Vorgipfel, 3190 m, hinweg und schließlich zum weitläufigen Hauptgipfel des **Piz Julier**.

Der **Rückweg** führt über die Aufstiegsroute hinab. Dabei muss man recht aufpassen, dass man im feinen Sand und im losen Geröll nicht ausrutscht.

Seen von Macun, 2624 m

Am Lai da la Mezza Glüna

Ausgangspunkt: Lavin Plans, 1387 m.
Höhenunterschied: 1240 m.
Gehzeiten: Aufstieg 3½ Std., Abstieg 2½ Std., gesamt 6 Std.
Charakter: Leichte, aber ziemlich lange Wanderung mit schönen Ausblicken, kein Stützpunkt.
Karte: K+F Wanderkarte Unterengadin.

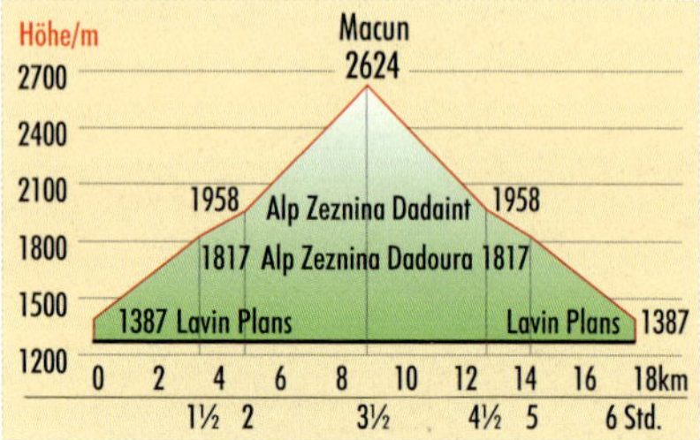

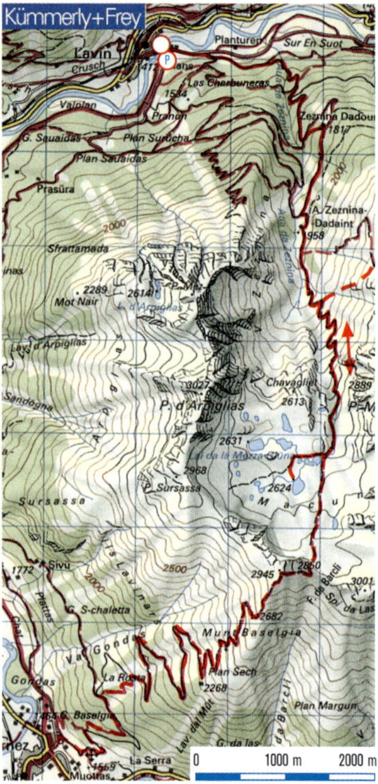

Ein richtiger Gipfel geht auf der hier beschriebenen Route nicht her. Wer unbedingt einen solchen Höhepunkt erleben will, kann von der Alp Zeznina Dadaint nach Nordosten zum **Piz Giarsinom**, 2665 m, abzweigen (leicht) oder von den Seen von Macun noch dem **Munt Baselgia**, 2945 m, aufs Haupt steigen (und dann nach Zernez hinunter gehen; enorm weit). Aber auch ohne Gipfel-Exkurse bietet die prächtige Landschaft am Ufer zahlreicher Bergseen, die seit dem Jahr 2000 dem Nationalpark eingegliedert ist, genug Reize für einen erlebnisreichen Tag.

Von der überdachten **Innbrücke** am Fahrweg nach Osten am Schülerheim vorbei und über eine Wiese in den Wald hinein. An der Gletschermühle am rechten Straßenrand vorbei und bald dahinter rechts

Bei den Seen von Macun.

abzweigen. In Richtung Alp Zeznina Dadaint auf schmalem Fahrweg zum Waldrand ansteigen, abermals rechts halten und am Sträßchen in weiten Kehren zum Wildbach Aua da Zeznina. Über den Bach und an den Abzweigungen immer rechts halten. Am Bach dem Wegweiser nach rechts zur Alp Zeznina Dadoura folgen und im Wald nach Nordosten dahin. An bezeichneter Stelle scharf rechts abknicken und über dem Bach anfangs gering ansteigend, dann sehr steil nach Süden hinauf. Der Bergpfad dreht links ab, führt über eine Straße und steigt nach Osten aus dem Wald heraus zur **Alp Zeznina Dadoura**, 1817 m, an. Am oberen Rand der kleinen, runden Waldlichtung stößt man wieder zu einem Sträßchen. Auf ihm nach rechts gering ansteigend weiter und kurz vor der **Alp Zeznina Dadaint**, 1958 m, aus dem Wald heraus. Dort endet die Straße. Auf Wegspur der Länge nach durch den Talgrund weiter. Das Weglein schlängelt sich auf der linken, der östlichen Talseite hinauf. Nun länger über den weiten, freien Hang hinauf und zur Wegverzweigung neben einem schmalen Bach. Dort geradeaus weiter und bald in vielen, engen Kehren steil nach Süden durch den engen Taleinschnitt zwischen Chevagliet und Piz Macun. Erst auf der Höhe von etwas mehr als 2600 m flacht der Hang endlich ab und auf der rechten Seite der weiten Hochebene liegen die vielen Seeaugen von **Macun**.

Abstieg entlang der Aufstiegsroute. Man kann auch auf der Straße absteigen. Das ist zwar deutlich weiter als am Wanderweg, aber es schont die Gelenke.

Lajet da Lischana, 2857 m

In den Unterengadiner Dolomiten

Ausgangspunkt: S-charl, 1810 m.
Höhenunterschied: Aufstieg 1130 m, Abstieg 1480 m.
Gehzeiten: Aufstieg 3½ Std., Abstieg 2½ Std., gesamt 6 Std.
Charakter: Lange, spannende Bergtour (mit anspruchsvoller Option auf den Piz Lischana, 3105 m). Das Tal wird weitab vom Ausgangspunkt erreicht, Rückfahrt mit dem Bus.
Einkehr und Übernachtung: In S-charl, in der Chamonna Lischana und in Schuls.
Karte: K+F Wanderkarte Unterengadin.

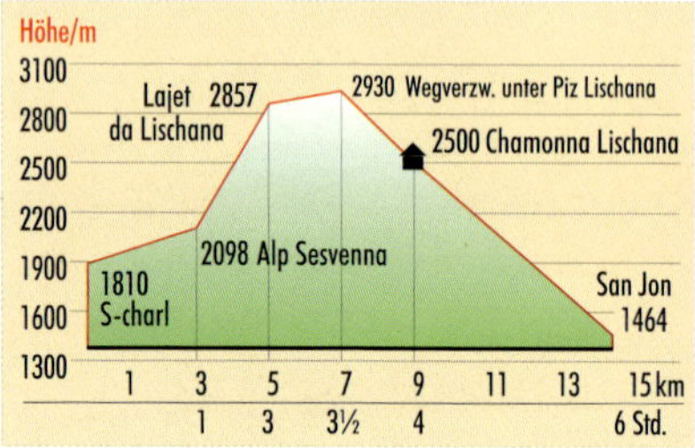

Diese Tour beginnt mit einem ausgedehnten Talspaziergang, gefolgt von einem grimmigen Steilaufstieg. Daran schließt sich eine nahezu ebene, landschaftlich prächtige Wanderung zum Lajet da Lischana, entlang den Lais da Rims und über den Vadret da Rims an. Der anspruchsvolle, ausgesetzte Gipfelanstieg bleibt optional.

Der Gipfelfelsen des Lajet ist übrigens aus Radiolarit, einem Sediment aufgebaut, das im Erdmittelalter in der Tiefsee abgelagert worden ist. Er strahlt in kräftigem Purpurrot.

Vom Bergbaudorf (heute Touristenort) **S-charl** gegen Nordosten das Val Sesvenna hinauf und bei der **Alp Sesvenna**, 2098 m, nach links (gegen Norden) abzweigen. Anfangs noch über liebliche Alpwiesen, dann enorm steil auf einem

Die Lais da Rims Ende Juni nach einem schneereichen Winter.

kargen Rücken in der Mitte des felsigen Grabens »Fora da l'Aua« aufsteigen. Mühselig geht es im rutschigen Geröll neben dem Wildbach durch eine skurrile Felsengegend hinauf und dabei begleitet einem immer ein wenig die Angst, dort auszurutschen und in den Graben zu fallen. In den oberen Passagen dieses Anstiegs finden sich hin und wieder Drahtseile, dann kann man sich etwas sicherer fühlen. Man quert schließlich den Bach und stößt – je nach Schneesituation und Jahreszeit – schon dort auf die ersten Firnfelder. Über sie zu einer schwach ausgeprägten Geländekante und in die weite Hochebene neben den **Lais da Rims**. Die markierte Route schlängelt sich um den tiefblauen **Lajet da Lischana** herum und verläuft von der rechten Seespitze nach Nordwesten auf den Vadret da Rims zu. Man quert den schmalen Gletscher bzw. seine Reste und geht über Schneefelder/Geröll in der gleichen Richtung weiter, bis die Route erreicht ist, die von der Chamonna Lischana heraufkommt. Von dort kann man noch dem **Piz Lischana** seine Aufwartung machen (2 Std. hin und zurück; teils ausgesetzt und steil). Der Rundweg führt nach Südwesten weiter und über Schutt und Schnee am markierten Weg dahin. Bald schon schwenkt der Steig nach rechts, fällt recht steil gegen Nordwesten ab und führt nahe an die kleine **Chamonna Lischana** heran, die auf einem eindrucksvollen Felsen steht. Von dort geht es in ungezählten Serpentinen zum Wald »God San Jon«, durch eine Lichtung und auf ihr knickt die Route nach Südwesten ab, führt aus dem Graben heraus und zur Ebene von **San Jon**, 1464 m. Auf Feldwegen an einem Gehöft vorbei und am Waldrand zur Haltestelle. Von dort mit dem Bus nach **S-charl** hinauf oder nach Scuol (Schuls) hinab.

15

Mot Tavrü, 2420 m

Am »Cirque« von S-charl

Ausgangspunkt: S-charl, 1810 m. **Höhenunterschied:** 610 m. **Gehzeiten:** Aufstieg 1½ Std., Abstieg 1 Std., gesamt 2½ Std. **Charakter:** Leichte und relativ kurze Wanderung am Rande eines eindrucksvollen Bergszenarios. **Einkehr/Übernachtung:** In S-charl. **Karte:** K+F Wanderkarte Unterengadin.

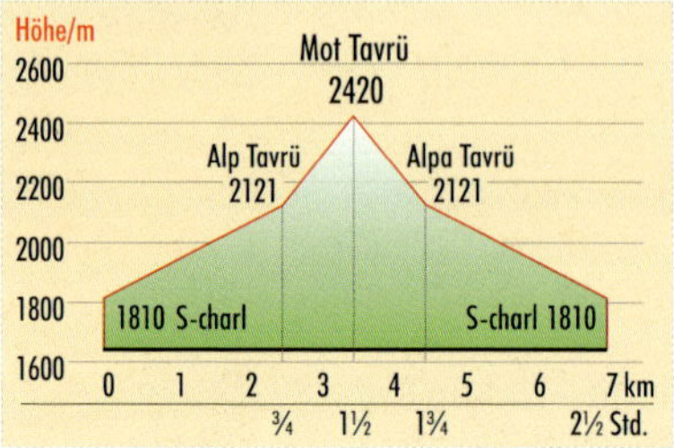

Südlich von S-charl erhebt sich ein hufeisenförmiges Bergesrund, das an die berühmten Cirques aus den Pyrenäen erinnert. Es steigt über den Mot Mezdi und den Mot dal Gajer bis zum Piz Tavrü an und erreicht eine stattliche Höhe von 3168 m. Allerdings sind die Hauptgipfel dieses Kreises, die zugleich die Grenze zum Schweizer Nationalpark bilden, für den Wanderer unerreichbar. Nur die nördlichen Ausläufer, also der Mot dal Gajer und der Mot Tavrü, sind mit schönen, einfachen Wanderwegen erschlossen. Klar ist, dass unsere Gipfelziele mit Ausblicken der Sonderklasse aufwarten, wie sie eindrucksvoller kaum sein können.

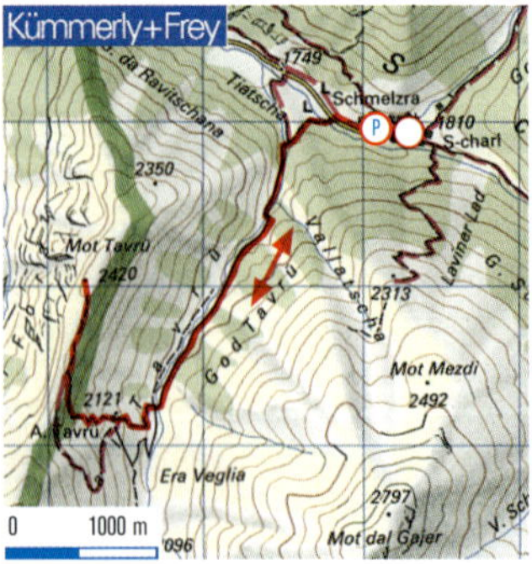

Von **S-charl** folgt man der Fahrstraße talaus, bis nach links, an beschilderter Stelle, ein Weglein abzweigt. Nach einem kurzen Wiesenstück führt es auf einer Brücke über den Bach hinüber, im Zickzack durch einen kurzen Waldgürtel und wieder auf eine Wiese. Über sie hinweg und gering ansteigend am Waldrand dahin, bis nach kurzer Gefällstrecke ein Fahrweg und eine Bachbrücke erreicht werden. Auf ihr über den Tavrübach in das Val Tavrü hinein. Wieder geht es durch lichten Wald und die schmale Schotterstraße steigt neben dem Tavrübach gemütlich durch Buschwerk gegen Süden an. Der Fahrweg quert auf die östliche Bachseite und führt in wechselnder Steigung dahin. Kurz fällt er so-

Der Piz Tavrü über dem Val Tavrü.

gar etwas ab. Dabei nähern wir uns immer mehr dem eindrucksvollen Kreis von scharfgeschnittenen Felsenbergen rund um das Val Tavrü. Die Straße wendet sich wieder auf die westliche Bachseite und knickt auf 2050 m scharf nach rechts ab. Sie verlässt das Val Tavrü und steigt in Kehren deutlich steiler an, führt an einem frischen Brunnen vorbei und zur **Alp Tavrü**, 2121 m. Dort endet der Fahrweg. Beim Wegweiser neben der Alm hält man sich links und folgt den Markierungszeichen den Hang hinauf. Dabei quert man einen schmalen Bach, der aus einer steilen Rinne herunterfließt, und kommt in Buschwerk hinein. Auf ein längeres Wegstück stramm gegen Westen hinauf, bis der Bergpfad scharf rechts abknickt und in den Sattel zwischen dem unbenannten Punkt 2529 m und dem **Mot Tavrü** stößt. Dort, auf der Höhe von 2315 m, rechts schwenken und am breiten Wiesenrücken gemütlich zum **Gipfel** hinauf.

Der **Rückweg** verläuft entlang der Aufstiegsroute.

Mot Madlain, 2434

Bergspaziergang im Val S-charl

Ausgangspunkt: S-charl, 1810 m.
Höhenunterschied: 625 m.
Gehzeiten: Aufstieg 1½ Std., Abstieg 1 Std., gesamt 2½ Std.
Charakter: Leichte und kurze Wanderung. Die Wegetappe oberhalb der alten Mienen fällt enorm steil aus. Deshalb braucht man einwandfreie Kondition.
Einkehr und Übernachtung: Gasthäuser in S-charl.

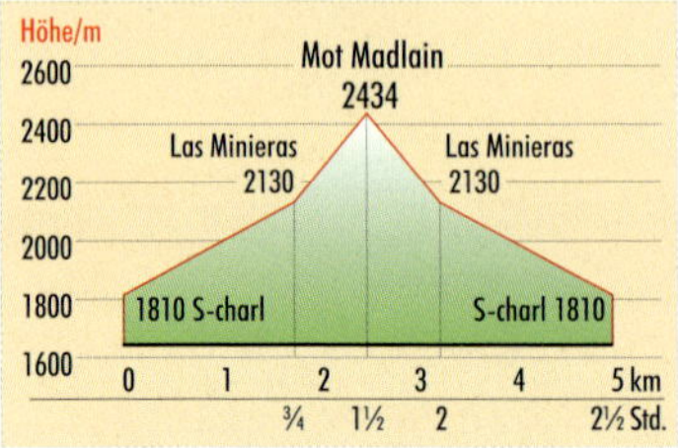

Karte: K+F Wanderkarte Oberengadin.

Der Mot Madlain ist eigentlich nur eine relativ unbedeutende Erhebung, die dem wilden Piz Madlain südlich vorgelagert ist. Wegen der eindrucksvollen Gipfelaussicht aber ist dieser Berg als eigenständiges Ziel sehr lohnend und obendrein auch schnell erreicht. Eine besondere Attraktion ist die Edelweißwiese am Gipfel.

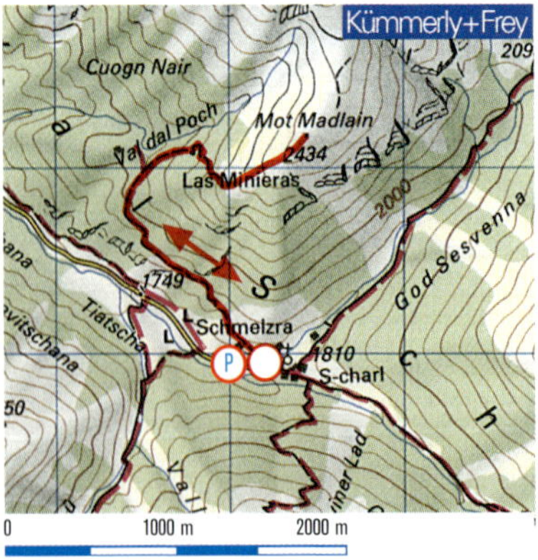

Wir gehen vom Parkplatz unterhalb von **S-charl** zum Sesvennabach hinauf und noch vor der Brücke auf einem Fahrweg nach links. Schon bald knickt die Anliegerstraße links ab und steigt im Wiesenhang zu ein paar Häusern an. Das Sträßchen verlassen, auf schmaler Trittspur gegen Nordwesten gering ansteigend weiter und bei den Ferienhütten in den Wald hinein. Im schönen Lärchenwald bald zu einer alten Bergwerksanlage mit großen Abraumhalden. Blei und Silber sind dort abgebaut worden und man kann die Stollen besichtigen. Unmittelbar hinter den Bergwerksruinen steigt der Bergpfad steiler an und schlängelt sich zu einem alten Stolleneingang hinauf. Weiter oben über Schutt- und Geröllhänge, die von Arven dicht bewachsen

Mot Madlain und Piz Madlain.

sind. Nun ziemlich lange in der gleichen Richtung dahin, dann am Berghang rechts ab und zur Routenverzweigung auf der Höhe von rund 2045 m. Die Streckenführung ist auf einem Felsen beschriftet. Dort rechts und am alten Knappensteig dahin. Bei der folgenden Verzweigung geradeaus weiter und bei der nächsten Routenabzweigung auf etwa 2130 m rechts schwenken. Steil durch altes Bergwerksgelände (**Las Minieras**) hinauf. Nachdem sich der Pfad zwischen ein paar Hügeln aus altem, eisenhaltigen Abraum hindurchgeschlängelt hat, taucht er wieder in Arvenwald ein. Anschließend steigt er gnadenlos steil an. Mühsam über die Steiletappe hinauf, bis das Weglein auf der Höhe von rund 2260 m aus dem Wald herauskommt, links abdreht und zwischen Schutt und Felsen dahinführt. Auf Trittspur am Rande von Latschengebüsch gegen Osten hinauf. Die Latschen legen sich zurück und über freie Edelweißwiesen zum behäbig wirkenden **Gipfel**. Entlang der Aufstiegsroute nach **S-charl** zurück.

Fourcla da Sesvenna, 2819 m

Durch das Val Sesvenna

Ausgangspunkt: S-charl, 1810 m.
Höhenunterschied: 1010 m.
Gehzeiten: Aufstieg 3¼ Std., Abstieg 2¼ Std., gesamt 5½ Std.
Charakter: Leichte, aber ziemlich ausgedehnte Talwanderung, die auf eine eindrucksvolle Höhe führt.
Einkehr/Übernachtung: In S-charl.
Karte: K+F Wanderkarte Unterengadin.

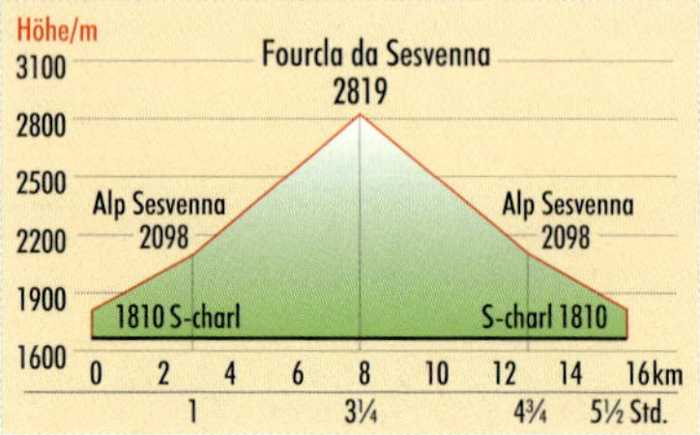

Es ist schon erstaunlich, wie sich auf dieser Wanderung, die nur ein langes Tal hinauf und wieder hinabführt, die landschaftlichen Eindrücke steigern können. Normalerweise wird kein Gipfel erreicht, obwohl der **Schadler**, 2948 m in ½ Std. und sogar der **Piz Sesvenna**, 3204 m über den Vadret da Sesvenna in 1½ Std. zu besteigen wären. Die Tour ist mit Landschaftsbildern gespickt, die tief greifende Eindrücke hinterlassen. Schon der Anstieg im langen Tal sorgt wegen der wechselnden Berggegend für Kurzweil und der Höhepunkt bietet ein Panorama zu den Gletscherbergen um den Piz Sesvenna, wie es schöner kaum sein kann. Was uns aber der Abstieg neben dem Sesvennabach zeigt, übertrifft alle Erwartungen. Das Tal sieht im Abstieg noch viel schöner aus, als es beim Aufstieg erschienen ist und die markante Pisoc-Gruppe unterstreicht dies mit ihren wilden Felsenhäuptern am Horizont. Wem das alles noch nicht reicht, dem sei empfohlen ein Fernglas mitzunehmen, dann kann er auch noch die Steinböcke gut beobachten, die in diesem schönen Winkel leben. Und wenn die nicht daheim sind, dann

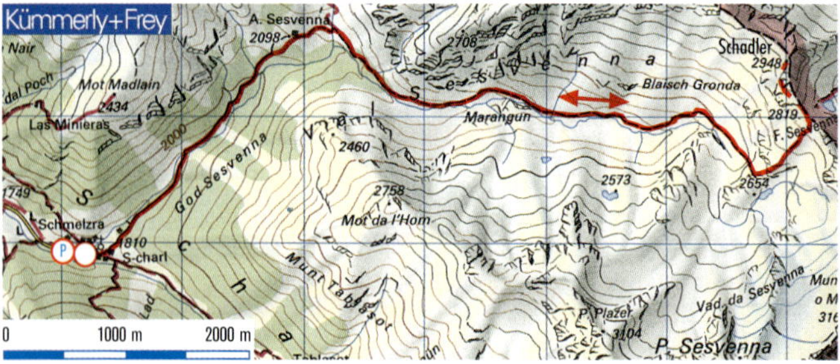

Der Sesvennabach und die Tavrü-Gruppe.

schaut man sich eben die Murmeltiere an.

Von **S-charl** auf schmalem Fahrweg nach Nordosten hinauf, an der Wildfütterung vorbei und in das Val Sesvenna. Neben dem Bach in den Wald hinein, am Grillplatz vorbei und auf der nordwestlichen Bachseite zur **Alp Sesvenna**. Der Weg fällt etwas ab und verzweigt sich. Dort nach rechts weiter (Südosten), im Krummholz ein bisserl abwärts, über den Wildbach und zum Sesvennabach. Den Bach bei der Brücke nicht queren und auf den Wasserfall zu halten. Einen Steilhang auf der linken Talseite anschneiden und eine Steilstufe überwinden. Über den Spielplatz der Murmeltiere und an einer verfallenen Alm auf 2337 m vorbei. Anschließend über eine weite Ebene, durch die sich der Sesvennabach schlängelt, und an eine Felsenbarriere heran. Von rechts zieht sich eine gigantische Moräne herunter, aus der der Sesvennabach herausfließt. Am breiten Bach über ein paar Felsblöcke hinüber hüpfen und in einen wild aussehenden Steilhang hinein. Der Weg führt erstaunlich einfach, aber steil rund 100 Höhenmeter hinauf und anschließend kommt man fast an den Fuß des immer noch eindrucksvollen Sesvennagletschers. Über einem Gletschersee ragt der markante Piz Sesvenna auf. Der Bergweg dreht nach links und steigt über Schotterhänge, in denen vielen Blumen blühen, zur **Fourcla Sesvenna** an.
Übrigens, zum Schadler wäre es weitgehend weglos nach Norden noch etwa ½ Std. hinauf.
Zurück nach **S-charl** geht es am Aufstiegsweg.

Guardakopf, 2720 m

Über das Tellajoch

Ausgangspunkt: Egghof oberhalb Taufers im Münstertal, 1723 m.
Höhenunterschied: 1000 m.
Gehzeiten: Aufstieg 3 Std., Abstieg 2½ Std., gesamt 5½ Std.
Charakter: Nette Wanderung durch schönen Zirbenwald. Oberhalb des Tellajochs allerdings etwas trist. Schöner Gipfel für lange Pausen.
Einkehr und Übernachtung: In Taufers im Münstertal.
Karte: K+F Wanderkarte Unterengadin.

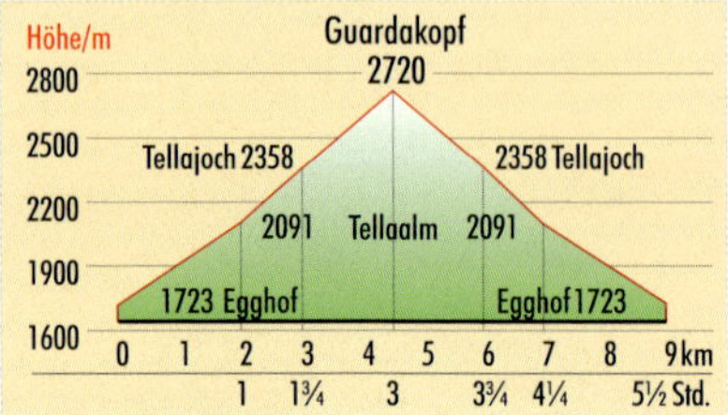

Guardakopf, Krippenland oder Cima dei Greppi wird dieser relativ wenig besuchte Gipfel oberhalb des Südtiroler Münstertals genannt. Seit 1984 hat er ein Gipfelkreuz und das Gipfelbuch aus dem Jahr 1985 war im Sommer 2003 gerade mal zur Hälfte voll geschrieben. Recht stark besucht ist dieser Berg also nicht. Das ändert nichts daran, dass er mit einer schönen Aussicht aufwartet. Leider gibt es dort oben auch Schafe, die viel Schmutz hinterlassen.

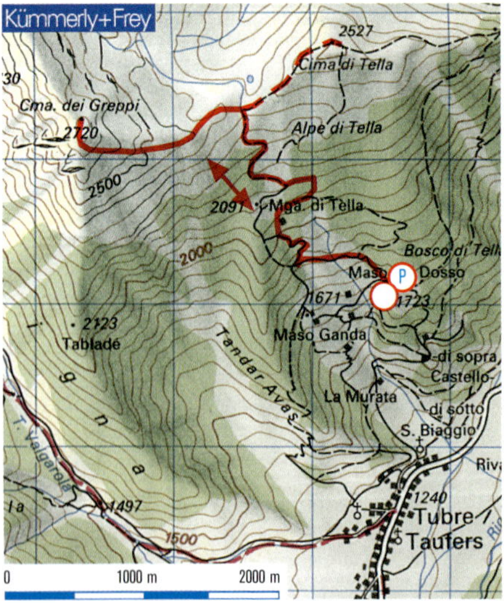

Vom **Egghof** dem schmalen und über 25% steilen Fahrweg anfangs gegen Nordwesten folgen. An der Quellfassung und der Kapelle vorbei und gegen Westen weiter. Hinter dem Tellabach dreht die Straße wieder gegen Norden ab und steigt in vielen Kehren durch schütteren Zirbenwald zur **Tella-**

Der Gipfel des Guardakopfs.

alm, 2091 m, an. Dort endet das Sträßchen und man folgt dem markierten Wanderweg, oberhalb der Alm gegen Nordosten, dann durch einen Linksbogen und im Wesentlichen gegen Norden hinauf, bis oberhalb der Waldgrenze bei etwa 2250 m das **Tellajoch**, 2358 m, erreicht ist. Im Joch kann man sich überlegen, ob man nach rechts (gegen Nordosten) über den langen, behäbigen Grasrücken zum **Tellakopf**, 2527 m, aufsteigen will (hin und zurück 1 Std.; leicht) oder ob man sich doch den **Guardakopf** vornimmt. Zu ihm geht man durch das Joch, dreht bald links ab und folgt den Markierungszeichen anfangs nördlich des breiten Rückens über ein trockenes Wiesental, dann links haltend zu einer felsigen Rippe, über die der Anstieg hinaufführt.

Dann weitet sich das Gelände wieder, schwingt sich aber zu einem felsigen Rücken auf, auf dessen linker Seite die Anstiegsroute verläuft. Sie führt über Wiesenhänge, Schutt und Blockwerk in der gleichen Richtung – immer links der Grathöhe – dahin und erst 100 Höhenmeter unter dem Gipfelkreuz dreht man rechts ab und steigt über eine Schafwiese geradewegs zum Kreuz auf. Der **höchste Punkt** ist ein paar Meter dahinter.

Der **Rückweg** verläuft entlang der Aufstiegsroute.

19

Fuorcla Sassalba, 2619 m

Rund um den Muntet

Ausgangspunkt: Lü, 1920 m.
Höhenunterschied: 700 m.
Gehzeiten: Aufstieg 2 Std., Abstieg 2½ Std., gesamt 4½ Std.
Charakter: Lange, aber leichte Rundtour mit Gipfeloption zum Piz Terza (Urtiolaspitz).
Einkehr/Übernachtung: In Lü und in Fuldera.
Karte: K+F Wanderkarte Unterengadin.

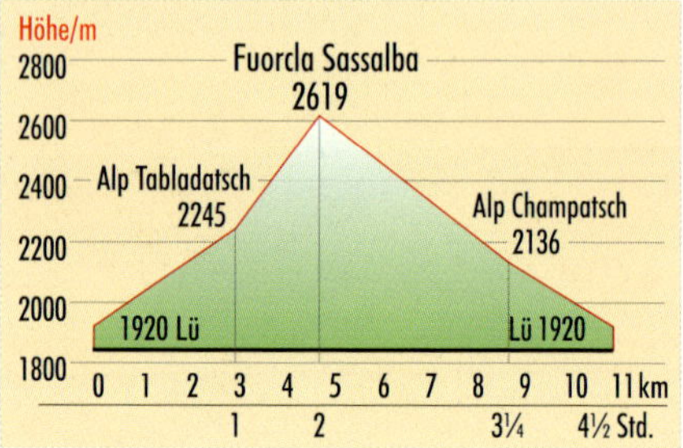

Eigentlicher Gipfel für diese Tour wäre der **Piz Terza**, 2909 m, doch wer eine schöne Rundtour um den 2763 m hohen Muntet unternehmen möchte und am Zielpunkt an einem kleinen See rasten will, braucht diesen Höhepunkt nicht unbedingt, obwohl der Gipfel von der Fuorcla Sassalba in einer knappen Stunde problemlos erreichbar wäre. Man kann es sich ja beim Anstieg oder in der Fuorcla überlegen, ob man wirklich zu den drei Gipfelkreuzen aufsteigen will. Möglicherweise nimmt einem auch das Wetter die Entscheidung ab. Aber bitte darauf aufpassen, dass man die Schneehühner dort oben nicht zu sehr stört, denn die bleiben lieber alleine.

Von **Lü** am Fahrweg gegen Osten zur Straßenverzweigung in

In der Fuorcla Sassalba.

Urschai, 2007 m. Dort links abdrehen und zum nächsten Straßenknick auf 2081 m. Nun wieder gegen Osten weiter (also rechts halten), aus dem Wald heraus, zur Alp Valmorain, 2195 m und weiter zur **Alp Tabladatsch**, 2245 m. Über freie Wiesenhänge anfangs nach Nordwesten, später Norden zur kleinen Hütte auf 2393 m. Dann immer in der Nähe des Bachs nach Norden hinauf und zuletzt durch einen grünen Boden zur **Fuorcla Sassalba**.
Von hier könnte man den Gipfel des **Piz Terza** besuchen (hin und zurück 1¾ Std.; leicht). Wer allerdings die lange Rundtour über Costainas voll ausgehen will, der muss gegebenenfalls mit seiner Kondition etwas haushalten.
Aus der Fuorcla gegen Norden weiter, am See vorbei und in das Tal Costainas, rund 2500 m, hinab. Dort dreht der Abstiegsweg in einem weiten Linksschlenker nach Südwesten ab und führt in den Pass da Costainas, 2251 m.
Der lange Rückweg verläuft an Serra und der **Alp Champatsch**, 2136 m, vorbei, in den Wald hinein und in einer weiten Kehre unter dem markanten Felsengebilde Il Denter nach **Lü** zurück.

Müstair – Ruinatscha, 1607 m – Terza, 1843 m – Müstair

Rundwanderung unter dem Piz Terza

Ausgangspunkt: Münster, 1247 m.
Höhenunterschied: 820 m.
Gehzeiten: Aufstieg 2 Std., Abstieg 1½ Std., gesamt 3½ Std.
Charakter: Schöne Rundwanderung, Aufstieg anfangs recht steil, dann aber immer flacher.
Einkehr und Übernachtung: Einkehr im Restaurant Terza, 1843 m, Übernachtung in Münster.

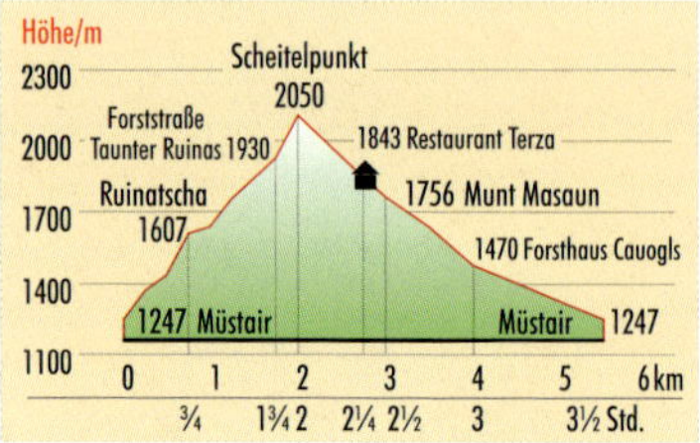

Karte: K+F Wanderkarte Unterengadin.

Auf dieser Tour wird kein Gipfel erreicht, denn sie beschränkt sich auf die im Münstertal recht schönen Waldbereiche. Trotzdem hat man schöne Ausblicke auf hohe Berge der Ortlergruppe und natürlich ins malerische Münstertal mit den Ortschaften Müstair und Santa Maria. Und man kann auf der schönen Terrasse des Restaurants Terza mit wunderbarer Aussicht einkehren.

Die Wanderung beginnt mitten in **Müstair**, gegenüber dem Postamt. Dort stehen etliche Wandertafeln und eine gibt die Route nach Ruinatscha an. Auf der Straße kurz hinauf und an beschilderter Stelle rechts abzweigen.
Die Route steigt im Wesentlichen gegen Norden steil den Waldhang hinauf und quert auf 1315 m eine Fahrstraße. Dann führt der Bergweg aus dem Wald heraus und verzweigt sich auf der Höhe von etwa 1370 m. Nun weiter steil hinauf und abermals zu einer Verzweigung auf 1430 m. Dort links abzweigen

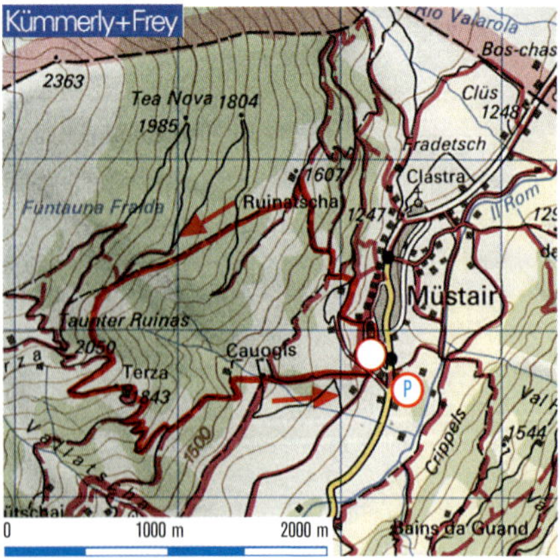

und in eine Waldlichtung zu einer Hangkante, wo eine Wegrampe erreicht wird. Auf ihr zum Hof von **Ruinatscha** und zu einem Fahrweg.
Am Sträßchen links abzweigen, zu einer Geländekante hinüber, dort nach rechts auf einen weiteren Fahrweg abzweigen und zur Rastbank beim Wegkreuz in Bos-chers. Nun dem Weglein über einen Wiesenhang folgen und wieder in den Wald hinein. Einen Fahrweg überschreiten und auf einem alten Holz-Ziehweg lange im dichten Wald gegen Westen weiter, bis schließlich nach einem scharfen Rechtsknick eine **Forststraße** erreicht ist. Auf ihr nach links (gegen Westen) und nach dem Straßenende auf schmalem Weg durch die steilen, labilen Hangreißen **»Taunter Ruinas«**. Anschließend im Wald ein paar Mal auf und ab und zum Waldrand. Dort wird auf etwa 2050 m der **höchste Punkt** der Rundtour erreicht. Hinter dem Weidegatter stößt man auf eine Fahrstraße, die in Kehren zum **Restaurant Terza**, 1843 m, abfällt. Am Fahrweg in weit ausholenden Kehren bis Munt Masaun hinab, wo nach links ein alter, markierter Bergweg in vielen Kehren nach Süden, später Osten abfällt. Nach einem Rechtsknick verzweigt sich der Weg und man geht nach links (gegen Osten) weiter. Allmählich wieder in Lärchen-Hochwald hinein, am **Jagdhaus von Cauogls** vorbei und ein Asphaltsträßchen queren. Am schmalen Bergweg durchs Gebüsch, aus dem Laubwald wieder heraus und beim Wasserbehälter neben dem Skilift auf einer Fahrspur zur Straße in der Nähe der Lift-Talstation hinab. Auf der Via Pravender links und durch das malerische **Müstair** zum Ausgangspunkt zurück.

Die Schau von Terza über das Münstertal.

Munt da la Bescha (Westgipfel), 2698 m

Am Schafberg

Ausgangspunkt: Ofenpass, 2149 m.
Höhenunterschied: 615 m.
Gehzeiten: Aufstieg 1¾ Std., Abstieg 2¼ Std., gesamt 4 Std.
Charakter: Leichte Rundwanderung mit unmarkiertem, aber einfachem Gipfelabstecher. Schöne Aussicht in den Nationalpark und zu den Bergen rund um den Ofenpass. Die Gipfelhänge fallen leider arg trist aus.
Einkehr und Übernachtung: Am Ofenpass im Hotel Süsom Givè.
Karte: K+F Wanderkarte Unterengadin.

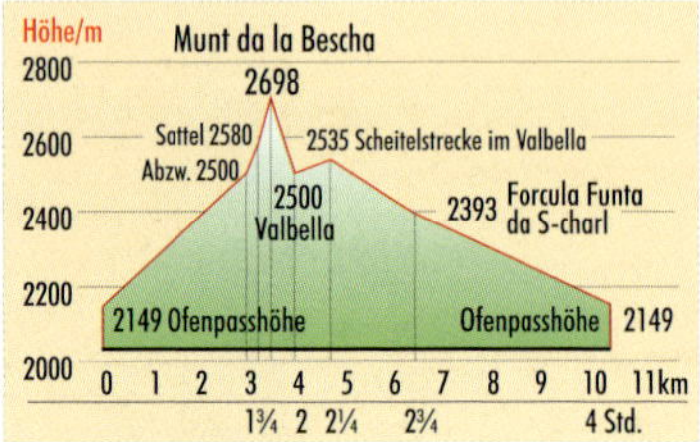

Der Name des Berges, der bei dieser netten Wanderung umrundet und dessen Westgipfel sogar mit einfachem Aufwand bestiegen werden kann, klingt recht eindrucksvoll. Und doch bedeutet er nichts anderes als »Schafberg«. Wer weiß, dass Schafe sehr geländegängig sein können, wird sich nicht wundern, dass der höhere der beiden Schafberggipfel ein sehr markanter Felsenberg ist, den wir uns wegen seiner Schwierigkeiten schenken wollen. Weitaus einfacher ist der niedrigere Westgipfel zu erreichen, auf den Wegspuren hinaufführen.

Von der **Passhöhe** am Wanderweg direkt nach Norden hinauf und bei der Verzweigung (gleich dahinter) nach links dem Wegweiser ins Valbella folgen.

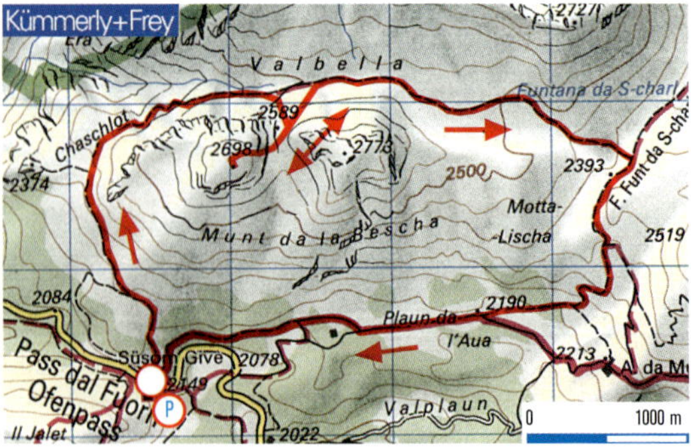

Der markierte Bergweg steigt durch einen schönen, lichten Arvenwald an und führt auf den Mut da la Bescha zu.

Dann schwenkt er gegen Nordwesten und quert einen langen, tristen Hang, der von ein paar Reißen durchzogen ist, bis er wieder rechts abdreht und in schöne Wiesen führt. An schließend geht es um eine Geländekante herum und in die kargen Geröllhänge von Chaschlot. Die Wegspur verläuft nun gegen Osten weiter. Im weiten Valbella führen – etwa auf der Höhe von 2500 m – nach rechts Steigspuren den freien Hang nach Süden hinauf. Man kommt auf ihnen recht gut in den Sattel zwischen den beiden Schafberggipfeln hinein. Steil, aber ohne Schwierigkeiten folgt man von dort einer deutlichen Trittspur zum **Gipfelsteinmann** hinauf.

Anstieg zum Munt da la Bescha.

In den Sattel zwischen den beiden Gipfeln des Munt da la Bescha folgt man der Aufstiegsroute. Dort sucht man sich eine Spur, die relativ gering abfallend nach Nordosten ins **Valbella** führt, bis im breiten Tal der deutliche, markierte Wanderweg erreicht ist, der gegen Osten zur **Scheitelstrecke** des Valbella hinaufführt und dann moderat in der Nähe des Skilifts zur Forcula Funta da S-charl abfällt. Dort rechts halten, den Wegspuren an der Talstation des Skilifts vorbei folgen und von einer Fahrspur rechts abdrehen. Am Steig steil in traumhaft schönen Arvenwald hinab und etwas rechts haltend zu einem Fahrweg weiter. Er führt in einer weiten Lichtung an einer Hütte vorbei und tritt wieder in den Wald ein. Gleich hinter dem Waldrand zweigt nach rechts ein markierter Bergweg ab, der im dichten Krummholz mehrmals auf und ab, zwischendurch am steilen Hang entlang verläuft und zum **Ofenpass** hinaus führt.

22

Plaschweller, 2534 m

Bergsprint für Konditionsstarke

Ausgangspunkt: Rifair, 1096 m.
Höhenunterschied: 1470 m.
Gehzeiten: Aufstieg 4 Std., Abstieg 2¾ Std., gesamt 6¾ Std.
Charakter: Einsame, überwiegend sehr steile Wanderung auf einen schönen, aber kaum bekannten Aussichtsgipfel. An ein paar kurzen Stellen kann Trittsicherheit nicht schaden. Beste Kondition ist zwingend erforderlich.
Einkehr und Übernachtung: Gasthäuser in Taufers im Münstertal.
Karte: KOMPASS 52.

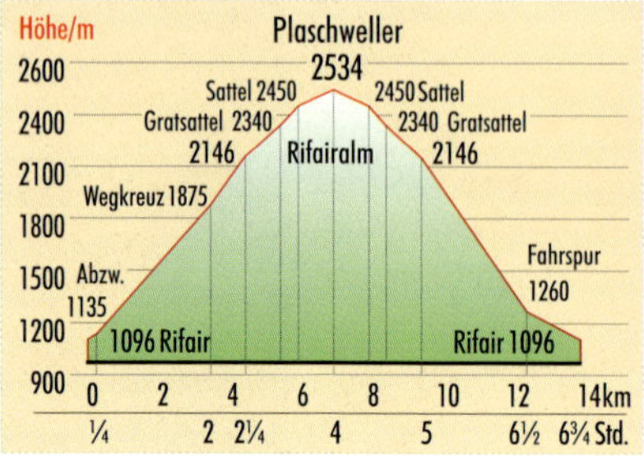

Der Fallschkamm trennt das Schweizer Val Muraunza (durch das die Umbrail-Passstraße verläuft) und das Südtiroler Trafoier Tal und bildet zugleich die Grenze zwischen beiden Ländern. Nur die nördlicheren Gipfel in diesem Kamm liegen voll auf italienischem Staatsgebiet und zu diesen gehört der Plaschweller. Die Hänge in diesem Bereich sind von der Almwirtschaft geprägt und gezeichnet. Auf der Dorferalm werden bis zu 300 (!) Rinder gesömmert.

Vom Feuerwehrhaus in **Rifair** der Straße über die Rambachbrücke folgen, im schmucken Dorf rechts abbiegen und dem markierten Munteditschesweg Richtung Puntweil folgen. Ab dem letzten Hof durch den Wald und bald darauf an einer beschilderten Stelle nach links abzweigen. Durch dichten Wald sehr steil

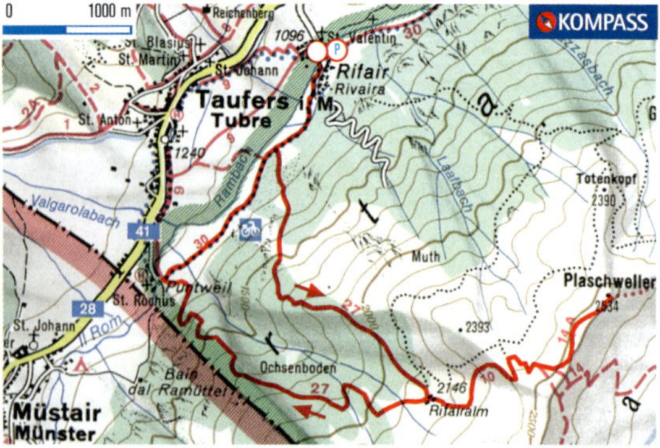

Gipfelblick vom Plaschweller nach Santa Maria im Münstertal.

hinauf, einige Bachreißen queren und auf 1875 m am Wegkreuz vorbei. Der Wald lichtet sich immer mehr und schließlich kommt man über einen Wiesenhang zur **Rifairalm**. Oberhalb der Alm schlängelt sich die markierte Route in ausholenden Kehren durch den weiten Weidehang gegen Nordosten hinauf und stößt in einen **Sattel** südöstlich des unbenannten Punktes 2393 m. Dort rechts abdrehen und südlich eines Gratmugels den steilen Hang gegen Osten zu einer felsigen Gratscharte queren. Dort links abbiegen, ein paar Meter abwärts, an der ersten Verzweigung geradeaus, gleich darauf, bei der zweiten Abzweigung links halten und entlang den Markierungszeichen zum langen Gipfelrücken hinauf. Über ihn in mehrmaligem Auf und Ab bis zum **Gipfelsteinmann.**

Bis zur **Rifairalm** steigt man in jedem Fall entlang der Aufstiegsroute ab. Ab der Alm kann man auf einem anderen Weg ins Tal zurückgehen. Er fällt von der Alm über eine Wiese gegen Westen ab, tritt in den Wald ein und schlängelt sich in der gleichen Richtung recht steil talwärts.

An der Routenverzweigung rechts abbiegen und den Markierungszeichen gegen Nordwesten folgen. Zunächst auf Waldrücken, dann durch ein labiles Bach und Lawinental, über einige Bachläufe, durch Erlen-Buschwerk und wieder im dichten Wald steil hinunter, bis schließlich bei Puntweil im Wald eine quer verlaufende **Fahrspur** erreicht wird. Auf sie rechts abbiegen und neben dem Rambach zum **Ausgangspunkt** zurück.

23

Piz Chavalatsch, 2764 m

Zum Ortlerblick

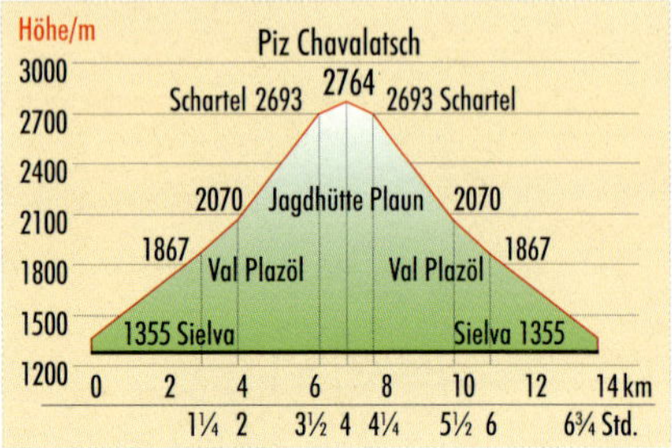

Ausgangspunkt: Sielva, 1355 m, 1 km nördlich von Santa Maria im Münstertal. **Höhenunterschied:** 1410 m. **Gehzeiten:** Aufstieg 4 Std., Abstieg 2¾ Std., gesamt 6¾ Std.; mit Rad 5¾ Std. **Charakter:** Lange, anstrengende, aber leichte Bergtour auf einen stattlichen Aussichtsgipfel, von dem vor allem die Schau zum markanten, von Firn und Eis gekrönten König Ortler bezaubert.

Einkehr: Unterwegs keine.
Karte: KOMPASS 52.

Zugegeben, besonders augenfällig ist der Piz Chavalatsch nicht. Und er lässt sich sogar mit der Seilbahn und einer etwa 2-stündigen Wanderung von der Furkelhütte erreichen. Dieser Anstieg verläuft voll auf der italienischen Seite, und wir sind in der Schweiz. Deshalb gehen wir zu Fuß auf diesen Berg oder wir fahren die 5,7 Kilometer lange, durchschnittlich 10% steile Straße mit dem Rad hinauf. Das geht zwar beim Aufstieg keinesfalls schneller, doch hinab, ja da braucht man nur eine Viertelstunde ab dem Raddepot.

Vom Krankenhaus in **Sielva** mit dem Radl oder zu Fuß am Fahrweg in rund 10%igem Anstieg auf der Asphaltstraße gegen Osten. Nach dem Ende der Teerdecke

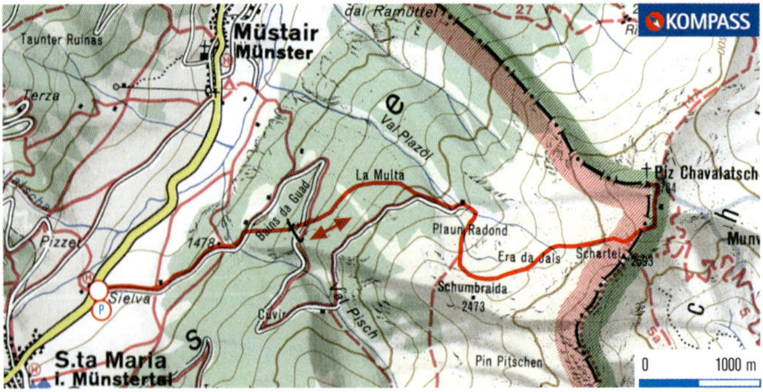

Gipfelkreuz am Piz Chavalatsch.

führt der Fahrweg im Wald zum Hof von Guad und weiter zur Straßenverzweigung nach 1,65 km in einer Höhe von 1510 m. Dort rechts halten und gleich dahinter zweigt der Wanderweg zum Piz Chavalatsch ab.

Wer unbedingt will, kann bis dort hin sogar mit dem Auto hinauffahren.

Der Wanderweg steigt im Wald lange gegen Nordosten an, quert die Straße und stößt in La Multa zum Fahrweg, den er im **Val Plazöl** auf 1867 m Höhe verlässt. Wer mit dem Bike heraufgekommen und die beiden Straßenkehren sportlich ausgefahren ist, stellt seinen Drahtesel dort ab. Die Route steigt nun am steilen Bergpfad auf der Nordostseite des Val Plazöl nach **Plaun Radond** an. Bei der **Jagdhütte** auf 2070 m links halten, durch lichten Jungwald hinauf, weiter oben rechts schwenken und nach Süden zur Wegverzweigung auf 2200 m Höhe. Dort links halten, den Hang Era da Jals in weitem Bogen nach Osten queren, und wieder verzweigt sich die Route. Bei den Schildern geht man geradeaus weiter, um dann mit dem Talgrund etwas nach Nordosten abzudrehen. Oberhalb einer Quellflur wieder rechts halten, kurz durch eine schotterige Steiletappe und dann zum **Schartel** (La Scharta, 2693 m) hinauf. Dort öffnet sich ein grandioser Blick auf die höchsten Berge der Ortlergruppe. Der Gipfelspurt führt auf der italienischen Seite des Gratrückens gegen Norden auf guten Wegspuren hinauf, weiter oben am Rücken weiter, und an der Funkanlage neben dem **Gipfelkreuz** endet er.

Zurück geht es entlang der Aufstiegs- bzw. Auffahrtsroute.

24

Rötlspitz (Piz Cotschen oder Punta Rosa), 3026 m

Unschwieriger und schneller Dreitausender

Ausgangspunkt: Passhöhe am Umbrailpass, 2501 m.
Höhenunterschied: 580 m.
Gehzeiten: Aufstieg 2¼ Std., Abstieg 1¼ Std., gesamt 3½ Std.
Charakter: Bis auf ein paar kurze Stellen beim Gipfelspurt bleibt diese Wanderung trotz der beachtlichen Höhe sehr einfach. Bei Schneelage ist allerdings von dieser sehr beliebten Tour abzuraten. Meist wird sie vom Stilfser Joch aus unternommen, doch dann ist sie eigentlich zu kurz.

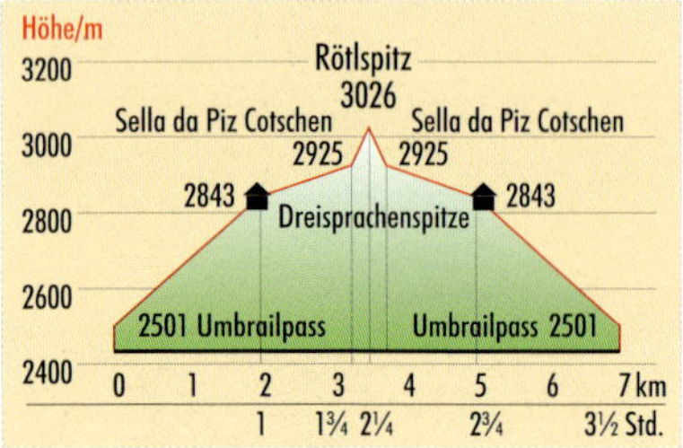

Einkehr: Im Restaurant auf der Dreisprachenspitze (Piz da las trais Linguas).
Karte: K+F Wanderkarte Unterengadin.

Wer zu dieser Tour aufbricht, wird sich vielleicht wundern, dass es am Berg vorbildlich ausgebaute Wege gibt, die auf der hier vorgestellten Route teilweise kaum begangen werden. Es handelt sich dabei um Militärwege aus dem Ersten Weltkrieg. Soldaten der neutralen Schweiz waren dort oben und haben das Kriegsgeschehen zwischen italienischen und österreichischen Truppen beobachtet. Ein paar Meter weiter unten lagerten die Österreicher und waren deshalb weitgehend sicher. Als dann doch einmal in diese Richtung geschossen wurde und ein Schweizer Soldat zu Schaden kam, hatte dies ernsthafte diplomatische Verwirrungen zur Folge. Am breiten Rücken nördlich der Dreisprachenspitze finden sich zahlreiche verfallene Stellungen aus dem Ersten Weltkrieg. Etliche Hinweistafeln erläutern das damalige Geschehen. Darüber sollte man die großartige Aussicht auf die Eishäupter der Ortlergruppe nicht übersehen und den traurigen Blick auf das von Seilbahnkabeln, Hotelbauten und Massentourismus vernichtete Gletscherareal am Monte Livrio oberhalb dem Stilfser Joch.

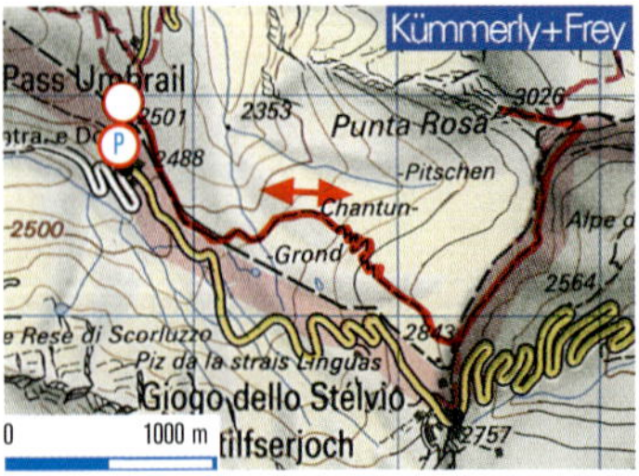

Brillante Gipfelblicke von der Rötelspitze zum Ortler.

Von der Schweizer Grenzstation unmittelbar an der **Passhöhe** folgt man einem Karrenweg leicht abfallend über freie, weite Wiesenhänge nach Südosten. Allmählich steigt die Route etwas an, quert dann in Chantun-Grond einen Bachgraben und verjüngt sich zu einem guten, befestigten Weg, der dank militärischem Ausbau trotz der Steilheit des Berghangs sehr einfach zu begehen ist. Er steigt in Kehren an, dreht auf die Südseite des Rückens und führt schön gemütlich zur Wegverzweigung unmittelbar unter der **Dreisprachenspitze** hinauf. Dort – nach einem sehr kurzen Abstecher zur Dreisprachenspitze – links abdrehen, an den Wegtafeln abermals links gehen und entlang den Grenzmarkierungen nach Norden weiter. Dabei geht man auf einem behäbigen Höhenrücken, wo einst die Schweizer Soldaten stationiert waren. Auf der Ostseite des Rückens nun in feinem Geröll zu einer Scharte hinab und dort links halten, um dem Bergweg zu folgen, der die lange, steile Ostflanke des Rötlspitzes quert. Er steigt zur Grathöhe an, die er bei **Sella da Piz Cotschen** erreicht. Am Grat links abdrehen und über den felsigen Gipfelrücken, zuletzt auf der rechten Seite etwas vorsichtig im rostroten Blockwerk an einem Felsenfenster vorbei und zum **Gipfelsteinmann** hinauf.

Zurück geht es entlang der Aufstiegsroute. Dabei kann man in der Scharte auf 2844 m nach links auf einer Trittspur zum breiten Weg ausweichen, der durch das Lempruch-Lager, in dem der österreichische Kaiser im September 1917 bei den Soldaten zu Besuch war, zur **Dreisprachenspitze** führt. Von dort auf der Aufstiegsroute zurück zum **Umbrailpass**.

Piz Lad, 2882 m

Spurensuche über dem Lai da Rims

Ausgangspunkt: Waldparkplatz im Val Vau (oberhalb des Jugendheims von Santa Maria), 1455 m.
Höhenunterschied: 1440 m.
Gehzeiten: Aufstieg 4 Std., Abstieg 3 Std., gesamt 7 Std.; mit dem Rad 6 Std.
Charakter: Bis zur Wegabzweigung von der Fahrstraße kann man mit einem Mountainbike auffahren, wenn man genügend Kraft für die bis zu 19% steile Strecke in den Waden hat. Der folgende Anstieg zum Lai da Rims ist zwar steil, aber nicht schwierig, doch sehr beliebt. Darüber wird es überwiegend weglos, was eine zuverlässige Orientierungsgabe und sicheres Wetter voraussetzt. Außerdem braucht man Erfahrung in unerschlossenem Berggelände (nichts für Anfänger!).
Karte: K+F Wanderkarte Unterengadin.

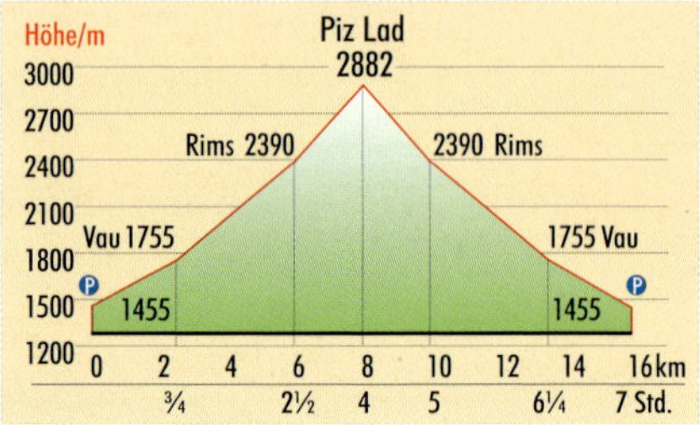

Höhepunkte auf dieser wenig durchgeführten, strammen Bergtour sind der großartige, türkis schimmernde Lai da Rims und die Gipfelschau auf die firngekrönten Bergeshäupter der benachbarten Ortlergruppe.

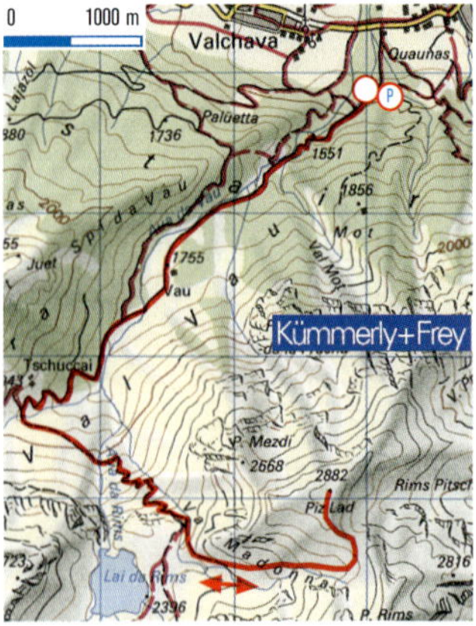

Vom **Parkplatz** auf der Straße im Wald das Val Vau hinauf. Neben dem Bach »Aua da Vau« steigt sie recht forsch an, führt an der Abzweigung des beschilderten Weges nach Valchava und Fuldera vorbei, und erst in der Ebene von **Vau**, 1755 m, flacht die Route dann ab. Man marschiert nun der Länge nach über das Hochtal, quert auf einer Brücke den Bach und kommt zu einer Straßenverzweigung. Dort geradeaus das Tal weiter hinauf, an der **Alp Tschuccai**, 1943 m, vorbei, und kurz darüber zweigt nach links der beschilderte Weg zum Lai da Rims ab.

Trister Anstieg durch das Val Madonna, unten der Lai da Rims.

Früh am Morgen und ab dem späten Nachmittag darf man bis auf weiteres von Valchava mit dem Auto dort hinauffahren. Am guten Bergpfad nach Südosten, anfangs in Wald und Krummholz, dann auf freien Berghängen hinauf. Mehrmals wilde Bachläufe queren und in vielen Kehren den felsdurchsetzten Steilhang zügig zur weiten Ebene des **Lai da Rims** hinauf. Dort enden für uns die Routenmarkierungen und auch weitgehend die Wege. Noch vor dem See steigt nach links das obere Val Madonna gegen Osten an. Auf der rechten Seite eines breiten Bachgrabens folgt man Trittspuren hinauf, quert mehrmals Bacheinschnitte und geht nach links über den Bach. Weglos geht es nun über freie, steile Wiesenhänge zu einer Wegspur hinauf, die am oberen Rand einer wilden Schlucht mit skurrilen Felsgebilden vorbeiführt. Nun auf der linken Talseite gegen Osten auf Schafwegen auf den markanten Piz Rims zu halten. In rostrotem Schieferschutt wird ein undeutlicher Querweg erreicht, der nach links (Nordwesten) zur Grathöhe ansteigt. Am breiten Gratrücken auf Trittspuren weiter und im Wiesenhang den letzten Aufschwung etwa 20 Min. weglos zum **Gipfel**. **Zurück** geht es entlang der Aufstiegsroute.

Rundwanderung Santa Maria – Fuldera

Am Grütlia-Waldpfad

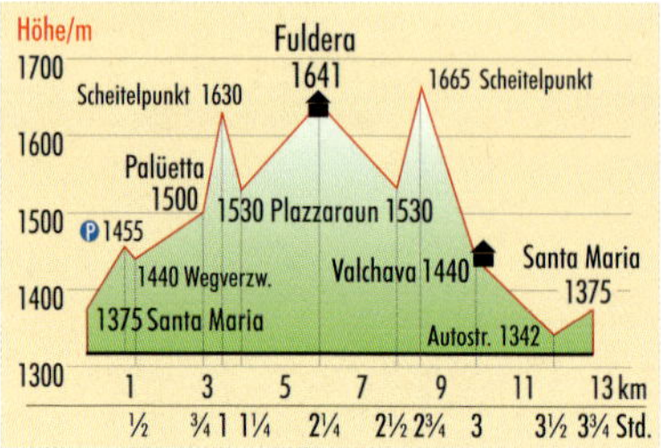

Ausgangspunkt: Santa Maria im Münstertal, 1375 m.
Höhenunterschied: 615 m.
Gehzeiten: Aufstieg 2¼ Std., Abstieg 1½ Std., gesamt 3¾ Std.
Charakter: Man darf diesen langen Spaziergang nicht ganz auf die leichte Schulter nehmen, denn neben einem beachtlichen Höhenunterschied werden auch große Entfernungen überwunden. Die vielen Gegenanstiege kosten Kraft. Besondere Schwierigkeiten sind aber nicht zu erwarten.
Einkehr und Übernachtung: Gasthäuser in Santa Maria, Valchava und Fuldera.
Karte: K+F Wanderkarte Unterengadin.

Das Münstertal wartet mit schmucken Ortschaften, wilden Bachläufen, tiefen Wäldern und weiten Wiesen auf, und darüber erheben sich majestätische Berggestalten. Durch diese schöne Landschaft verläuft diese Rundwanderung, die so lang ist, dass sie fast ein tagesfüllendes Programm abgibt, wenn man sich die Zeit nimmt, gemütlich einzukehren.

Von **Santa Maria** nur kurz neben der Straße nach Westen hinauf, um noch im Ort nach links abzubiegen und dem Wegweiser zum Lai da Rims zu folgen. Ein Fahrweg führt oberhalb des Jugend-

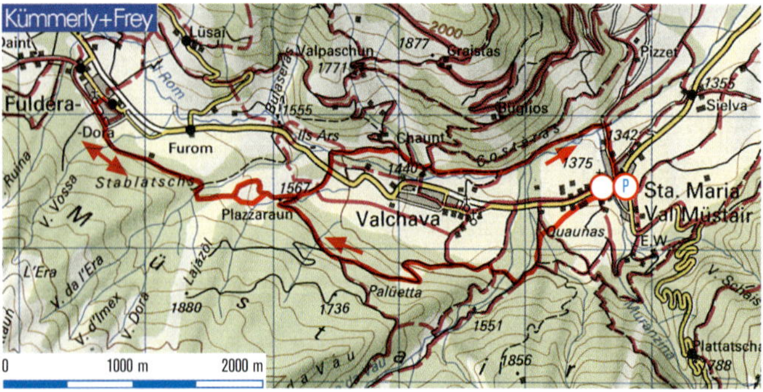

heims zu einer Forststraße, die am **Waldparkplatz** vorbeiführt und im Val Vau ansteigt. An der beschilderten Wegverzweigung etwa 5 Gehminuten oberhalb des Sperrschilds nach rechts die Straße verlassen, hinter Trimm-Anlagen durch einen Bachgraben und gleich darauf den wilden Aua da Vau queren. Nun im Wald gering abfallend weiter und am Grütlia-Waldpfad dahin, bis nach links der beschilderte Weg Richtung Fuldera abzweigt. Auf ihm nun zur Waldlichtung von **Palüetta** hinauf, in Kehren durch die Lichtung und zum **Scheitelpunkt** der Strecke auf rund 1630 m. Nun noch ein kurzes Stück gegen Westen weiter und zur Fahrstraße. Dort rechts abbiegen und gleich darauf zur Straßenverzweigung beim schönen Brunnen. Wer Lust hat, kann nach links auf der Via Archa Gronda bis zum Straßenende am Holzplatz auf 1780 m den Hang entlang – und wieder zurück – spazieren. Von der Straßenverzweigung beim Brunnen entweder auf dem Fahrweg oder anfangs links daneben am Bergwanderweg talwärts zum Holzplatz in **Plazzaraun**, wo der Weiterweg links abzweigt und in geringem Gegenanstieg am Fahrweg bis 1665 m hinaufführt. Dort folgt man der Route nach rechts über einen Steg und dann am Fahrweg zur Routenverzweigung. Links abbiegend geht es nun auf dem Sträßchen am Waldrand in mehrmaligem Auf und Ab bis **Fuldera** hinaus.

Der Rückweg verläuft anfangs entlang dem Zuweg, doch am Waldrand steigt man nicht links zum Bachsteg an, sondern folgt der beschilderten Route am Waldrand zum Holzplatz in **Plazzaraun**. Dort links abbiegen, zur Autostraße hinab und über diese hinweg. Gleich darauf rechts zum Wanderweg abzweigen und am Waldweg nach Osten bis **Valchava** talaus. Im Ort kurz auf Fahrwegen, dann an beschilderter Stelle links abzweigen, gleich darauf nach rechts die Asphaltstraße verlassen und am schönen Pfad neben dem wilden Rombach gegen Westen weiter. Der Weg quert die wilden Hänge von Costeras und fällt zum Bach ab, wo er durch artenreichen Auwald zum unteren Ortsrand von Santa Maria hinausführt.

Bei der Asphaltstraße rechts abzweigen und am – alten Wasserrad der Gemeindesäge vorbei – nach **Santa Maria** hinauf, wo sich der Kreis schließt.

Brunnen am Weg.

Lai da Chazforà, 2591 m

Zwischen Piz Dora und Piz Turettas

Ausgangspunkt: Tschierv-Plaz, 1660 m.
Höhenunterschied: 970 m.
Gehzeiten: Aufstieg 2¾ Std., Abstieg 1¾ Std., gesamt 4½ Std.
Charakter: Leichte, aussichtsreiche Wanderung mit der Möglichkeit, sich aus dem Angebot von drei Gipfeln einen auszusuchen.
Einkehr und Übernachtung: In Tschierv.

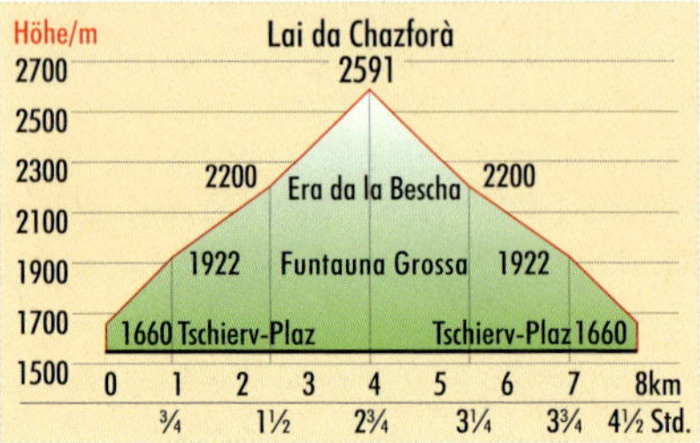

Karte: K+F Wanderkarte Unterengadin.

Vom kleinen Lai da Chazforà zeigen sich bei klarem Wetter die eisgekrönten Bergeshäupter der Ortlergruppe besonders schön und wer auch noch die Bernina-Eisriesen sehen will, muss zu einem der Gipfel weitergehen. Vor allem zum **Piz Dora** hinauf lässt es sich relativ einfach wandern, denn die Route ist gut markiert. Zum Ostgipfel des **Piz Turettas** hinüber geht es schon ein wenig »alpiner« zu.

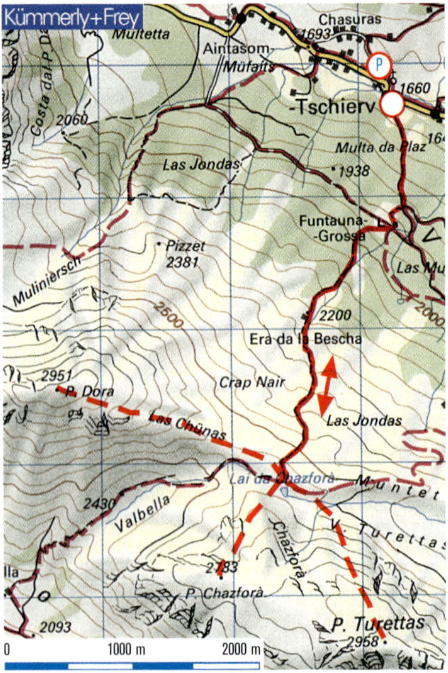

Am Weglein vom südöstlichen Ortsrand von **Tschierv-Plaz** über eine Wiese und in den Wald hinein. Dann ziemlich stramm ansteigend bis etwa 1800 m hinauf, auf einem Holzziehweg weiter und zu einer Straße. Auf ihr kurz nach rechts weiter und nach der

Am Lai da Chazforà.

Linkskurve wieder in den Wald hinein. Nach der Querung eines Wildbachs wieder auf einem Holzweg nach rechts weiter und zur Lichtung **Funtauna Grossa**, 1922 m. Auf einer Wegspur durch die feuchte Wiese und durch den Lärchenwald, bis sich dieser allmählich lichtet. Am Waldrand wird die **Era da la Bescha** (Schäferhütte), 2200 m, erreicht. Nun auf einem mit groben Felsen übersäten, aber sonst freien Hang lange nach Süden hinauf, bis der Hang abflacht, und schließlich in die Ebene des **Lai da Chazforà**.Wer nach Süden weitergeht, könnte weglos auf den **Piz Chazforà**, 2783 m, steigen (½ Std.). Lohnender aber wäre der Anstieg zum **Piz Dora**, 2951 m, der sich auf einer gut markierten Route über den Hang Las Clünas bzw. die parallel dazu verlaufende Hangmulde bewältigen lässt (1¼ Std.). Vom Piz Dora zeigt sich der markante Gipfelaufbau des Piz Daint besonders eindrucksvoll. Wer ein wenig mehr alpinen Nervenkitzel liebt, weicht gegen Südosten zum Ostgipfel des **Piz Turettas** aus und steigt durch eine unerschlossene, besonders karge Berggegend in ca. 1½ Std. zu diesem 2958 m hohen Gipfel. Dort sind die Gesteine wegen des Gehalts an unterschiedlichen Mineralien auffallend bunt gefärbt und das lässt sich in Gipfelnähe besonders gut beobachten. Fast mit jedem Meter ändert sich streckenweise dort die Farbe des Untergrunds.

Oder man begnügt sich mit dem kleinen See und rastet gemütlich an seinem Ufer, was Herz und Seele gut tut. Der **Rückweg** verläuft entlang der Aufstiegsroute.

28

Piz Daint, 2968 m

Über dem Ofenpass

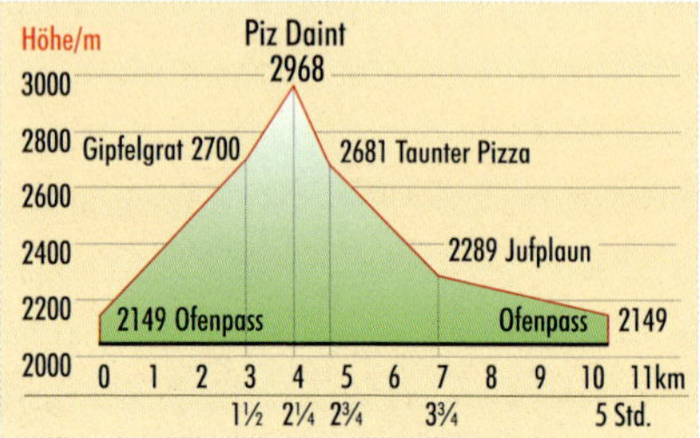

Ausgangspunkt: Ofenpasshöhe, 2149 m.
Höhenunterschied: 850 m.
Gehzeiten: Aufstieg 2¼ Std., Abstieg 2¾ Std., gesamt 5 Std.
Charakter: Der Aufstieg ist technisch einfach, aber steil und beschwerlich. Ihm folgt auf der geschilderten Abstiegsvariante ein spannender und anspruchsvoller Rückweg. Für ihn braucht man Trittsicherheit, Schwindelfreiheit und ein sicheres Gespür für die beste Routenfindung.
Einkehr und Übernachtung: Gasthaus Süsom Givè am Ausgangspunkt.
Karte: K+F Wanderkarte Unterengadin.

Der Piz Daint (übersetzt »Hintere« oder »Innere Spitze«) überragt hoch über dem Ofenpass das Münstertal und bildet eine der schönsten Aussichtswarten der Gegend. Vom Münstertal zeigt sich der Berg sehr markant und auf den ersten Blick unnahbar. Schaut man allerdings vom Ofenpass hinauf, kann man gut erkennen, dass die Tour nicht arg schwierig wird. Denn dort hat der Berg seine schwache Seite und dort verlaufen auch unsere Routen. Weil er trotz seiner beachtlichen Höhe von fast 3000 m, dank der hohen Lage des Ausgangspunktes einigermaßen schnell und unschwierig zu erreichen ist, bekommt der Piz Daint viel Besuch. Der engagierte Bergsteiger stellt sich deshalb der Herausforderung einer alternativen Rückzugsroute. Diese ist weitgehend menschenleer und sie führt durch eine sehr eigentümliche Hochgebirgslandschaft.

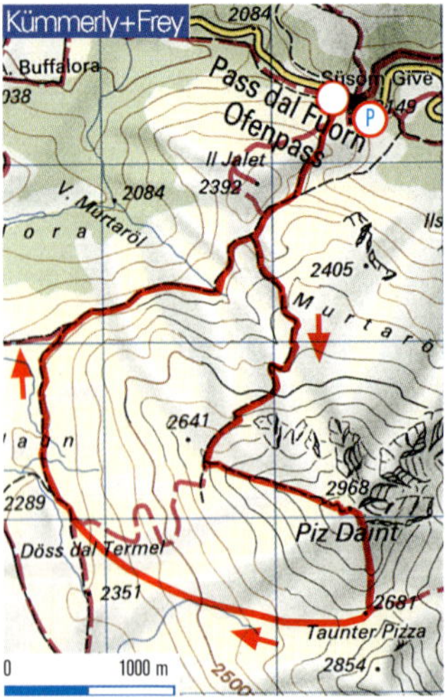

Von der **Passhöhe** durch schönen Arvenwald nach Südwesten, am

Der Gipfel des Piz Daint im Morgenlicht.

Richtfunkmasten vorbei und etwas abfallend um ein beeindruckendes Felsenlabyrinth unter dem Aussichtsmugel Il Jalet (siehe Tour 29) herum. Der Bergweg verläuft am Rande von Runsen und dreht dann etwas mehr nach Westen ab, bis er sich verzweigt.
Dort nach Süden und durch das Murtaröl in eine gewaltige Lawinenreiße hinein. Nach dieser tristen Etappe unter plattigen Felsen steil zum Nordwestgrat, der oberhalb des Kotierungspunktes in 2641 m Höhe erreicht wird. Auf dem Rücken links halten und am Weglein in vielen Kurven mühsam über den **Grat** zum **Gipfel**.
Wer es eilig hat, steigt am Aufstiegsweg ab. Aufregender jedoch ist die ausgedehnte Variante, die vom Gipfel steil nach Süden abfällt. Ganz so wild, wie die Rinne von oben ausschaut, ist sie allerdings nicht. Mit etwas Mut und ein wenig alpiner Erfahrung ist sie bei normalen Verhältnissen problemlos zu schaffen. Schon bald sind auf der Trittspur die anspruchsvollsten Etappen geschafft und es geht in steiles Geröll hinein. An seinem Rand schmücken kuriose Felsentürmchen den Südwestrücken des Piz Daint. Wer vor dem scharfkantigen Schutt gar keinen Respekt hat und seinen Schuster gut leben lassen will, fährt rasant auf den Stiefelsohlen durch das Geröll in die Ebene **Taunter Pizza**, 2681 m, ab und leert dort die Bergschuhe aus. Nun rechst abbiegen und weitgehend weglos auf freien Berghängen nach Westen zum Wanderweg am **Jufplaun** hinaus. Man hat den Munt Buffalora vor Augen, der übrigens ein schönes Wanderziel abgibt, bei dem man in alte Stollen aus der Zeit des Eisenerzabbaus hineingehen kann (Stirnlampe mitnehmen!).
Nun über den Jufplaun in weitem Bogen gegen Osten zum oberen Rand eines schütteren Arvenwaldes. Dann mehrmals etwas auf und ab und wieder zur steilen Lawinenrinne, die beim Aufstieg weiter oben gequert worden war. Durch eine wilde Felsengegend zum Aufstiegsweg und auf ihm zum **Ofenpass** zurück.

Il Jalet, 2392 m

Schneller Gipfel über dem Ofenpass

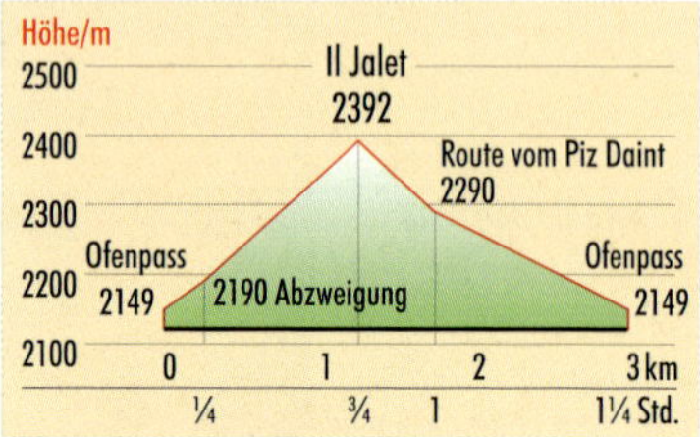

Ausgangspunkt: Ofenpass, 2149 m. **Höhenunterschied:** 250 m. **Gehzeiten:** Aufstieg ¾ Std., Abstieg ½ Std., gesamt 1¼ Std. **Charakter:** Sehr kurze Wanderung auf einen scharfgeschnittenen, und aussichtsreichen Felsenberg direkt oberhalb der Ofenpasshöhe. Auf ein paar kurzen Etappen sind Trittsicherheit und Schwindelfreiheit erforderlich. **Einkehr und Übernachtung:** Im Gasthaus Süsom Givè am Ofenpass. **Karte:** K+F Wanderkarte Unterengadin.

Fast nebenbei lässt sich dieser kleine Aussichtsgipfel hoch über dem Ofenpass besteigen. Dabei darf man allerdings nicht vergessen, dass man sich, auch wenn es von der Straße nicht weit hinauf ist, in alpinem Gelände befindet. Etwas Bergerfahrung und solides Schuhwerk braucht man für diese kleine Bergtour eben doch, und das Wetter sollte einigermaßen schön sein, damit man die eindrucksvolle Gipfelrundschau auch genießen kann. Bei nebelverhangenem Himmel bringen immer noch die bizarren Felsentürmchen an der Route und die eindrucksvollen Abbrüche am höchsten Punkt zum Staunen.

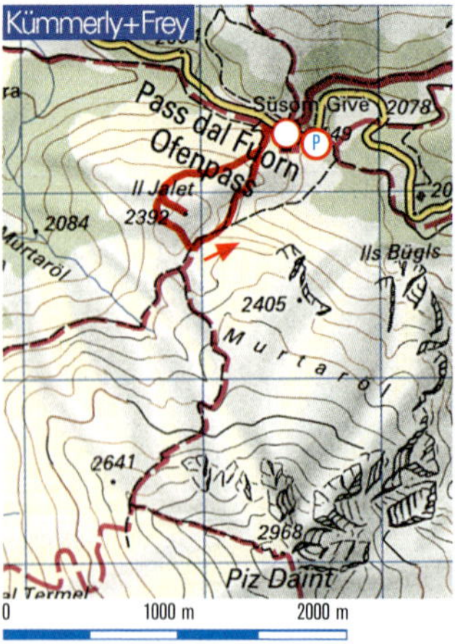

Anfangs ist der Anstieg mit der Route auf den Piz Daint identisch. Man folgt also dieser beschilderten und markierten Route von der **Passhöhe** gegen Süden durch lichten Wald, geht am Antennenmasten vorbei und zweigt an der beschilderten Wegverzweigung rechts ab. Der deutlich markierte Bergweg schlängelt sich in Kehren den Hang hinauf, dreht dann rechts ab und quert eine steile, freie Bergflanke. Am Ende dieser Flanke führt er über Felsen, und wer nicht aufpasst, kann hinun-

Die Schau vom Piz Daint über Il Jalet.

terfallen. Dann dreht die Spur links ab, quert eine flache, breite Wiese und wendet sich auf den Gipfel-Südrücken zu. Dort stößt man zu Wegtafeln, von denen es über Fels und Wiesen nicht mehr weit zum **höchsten Punkt** ist. Angenehm fällt auf, dass selbst dieses kleine Gipfelchen eine alternative Abstiegsroute bereithält, sodass man nicht am gleichen Weg wieder absteigen muss. Anfangs verläuft der Rückweg zwar am Aufstiegsweg, doch schon bei den Wegtafeln halten wir uns links und steigen ziemlich steil durch feinen Grieß einen grimmigen Steilhang hinunter, bis schließlich die **Route zum Piz Daint** erreicht wird. Auf ihr links abbiegen, durch ein wildes Tal und auf der linken Hangseite über erosionsgefährdete Hänge. Zweimal auf einer kurzen Steiganlage und dann zur Abzweigung der Aufstiegsroute zurück. Den Rest entlang dem Anstiegsweg zum **Ofenpass** hinaus.

Munt la Schera, 2587 m

Nationalparktour

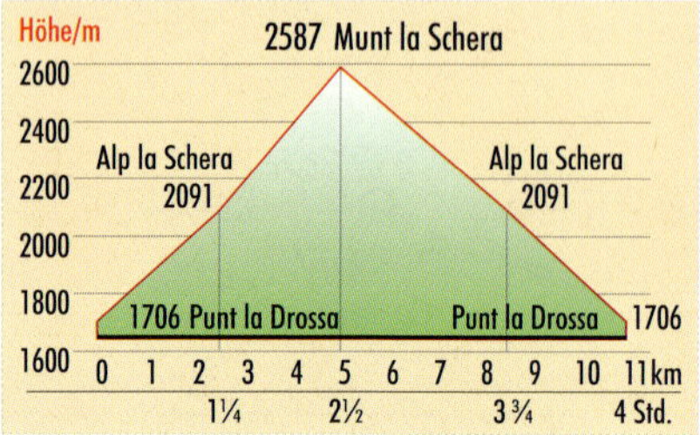

Ausgangspunkt: Punt la Drossa, (Parkplatz P 4) am Eingang des Straßentunnels nach Livigno, 1706 m.
Höhenunterschied: 890 m.
Gehzeiten: Aufstieg 2½ Std., Abstieg 1½ Std., gesamt 4 Std.
Charakter: Leichte Rundtour mit schöner Gipfelaussicht. Im Nationalpark dürfen die markierten Wege keinesfalls verlassen werden!
Einkehr und Übernachtung: Weder an der Route noch am Ausgangspunkt.
Karte: K+F Wanderkarte Unterengadin.

Mitten im Herzen des Schweizer Nationalparks liegt als relativ unbedeutender Aussichtsgipfel der Munt la Schera. Weil aber in diesem Nationalpark grundsätzlich ein Betretungsverbot besteht, zählt dieser Gipfel, der mit einem ausgewiesenen Wanderweg erschlossen ist, zu den wenigen Zielen, die im Nationalpark legal überhaupt erreichbar sind. Auf der Wanderung gilt es, eine Reihe von Verboten und Verhaltensregeln zu beachten. Sie sind auf zahlreichen Tafeln aufgelistet, aber sie alle helfen nicht, das dramatische Sterben des Waldes zu verhindern und den stark überhöhten Wildbestand zu reduzieren.

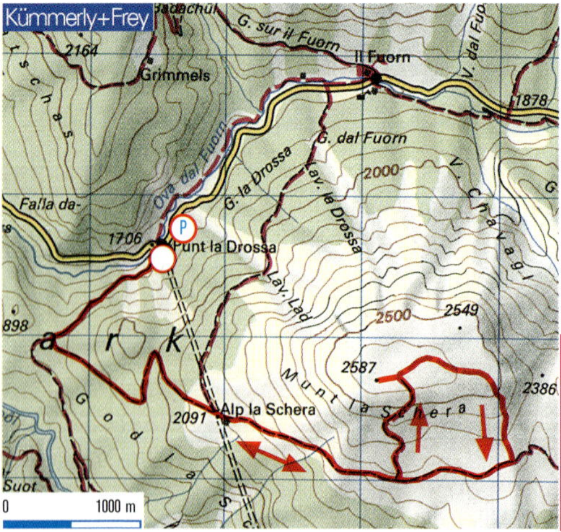

Tipp:

Man kann auch von Buffalora an der Ofenpassstraße (P 10) zum Munt la Schera gehen.

Gipfelblick vom Munt la Schera über Punt dall Gall zum Lago die Livigno.

Hinter dem Zollhaus, vor dem Tunneleingang, die Fahrstraße nach Südwesten queren, am Weg oberhalb der Ofenpassstraße in den Wald hinein und gering ansteigend über ein paar Runsen zum Wald God la Schera. Auf der Höhe von 1828 m verzweigt sich der Weg. Dort links abdrehen und zunächst nach Südosten, zwischendurch nach Norden und wieder gegen Südosten aus dem Wald heraus und zur einstigen **Alp la Schera**, 2091 m (von der Nationalparkverwaltung angelegter Rastplatz).

Nun über Wiesenhänge gegen Osten ins Krummholz, über einen Bergbach und an bezeichneter Abzweigung nach links, also gegen Norden, karge Berghänge hinauf. Am breiten Bergrücken links abdrehen und das letzte Stück zum **Munt la Schera** hinüber. **Zurück** geht es über den breiten Gipfelrücken nach Osten. Auf der weiten, fast ebenen Hochfläche dahin und im weiteren Verlauf nach Südosten in einigen weiten Kehren zum Wanderweg hinab, der sich von der **Alp la Schera** nach Buffalora hinzieht. Auf diesem Weg rechts abdrehen und nach Westen zum Aufstiegsweg weiter, auf dem man zum **Ausgangspunkt** zurückkommt.

31

Döss dal Termel, 2338 m

Um den Piz Daint herum

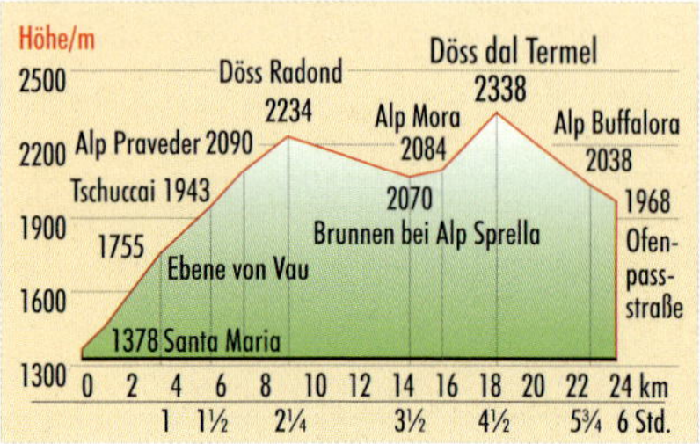

Ausgangspunkt: Santa Maria im Münstertal, 1375 m.
Höhenunterschied: 1150 m im Aufstieg, 540 m im Abstieg.
Gehzeiten: Aufstieg 4½ Std., Abstieg 1½ Std., gesamt 6 Std.
Charakter: Landschaftlich sehr eindrucksvolle und lange Höhenwanderung. Sehr gut auch als Mountainbike-Tour geeignet. Den Ausgangspunkt erreicht der Radfahrer auf der Ofenpassstraße, der Wanderer mit dem Linienbus.
Karte: K+F Wanderkarte Unterengadin.

Diese lange Wanderung durch die stillen Täler Val Vau und Val Mora ist von unterschiedlichen, doch durchwegs großartigen Berglandschaften geprägt. Nur ein relativ kurzes Stück muss man auf einem streckenweise steilen, doch einfach zu begehenden Wanderweg dahin. Der Rest verläuft auf guten Fahrwegen. Mit außergewöhnlichen Schwierigkeiten muss man also nicht rechnen, allerdings ist die Wandertour enorm weit.

Von der Kirche in **Santa Maria** im Münstertal geht man gegen Westen aus dem Ort heraus und zur Abzweigung der

Bei der Alp Praveder im Val Vau.

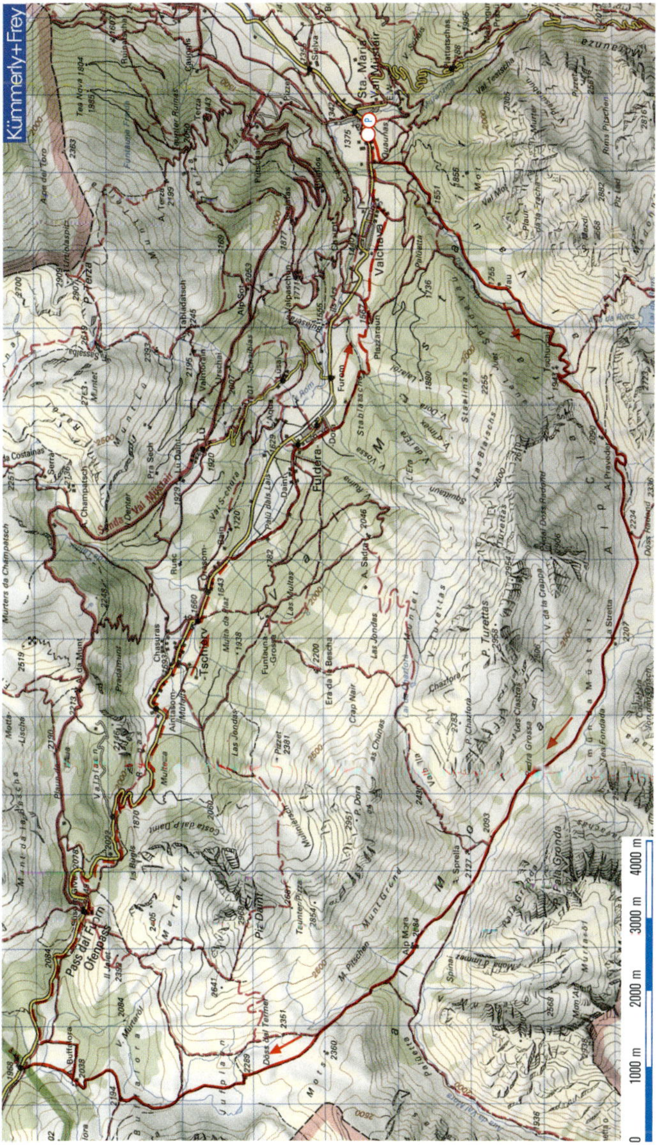
Kümmerly+Frey
Sta. Maria
Val Müstair
Valchava
Fuldera
Tschierv
Pass dal Fuorn
Ofenpass
Piz Daint
P. Turettas
Munt Grond
0
1000 m
2000 m
3000 m
4000 m

Fahrstraße ins Val Vau (neben dem Jugendheim). Nun links abzweigen und auf der Straße durch den Wald, am Kiesplatz vorbei und das Val Vau hinauf. In der **Ebene von Vau** flacht die Route ab und führt der Länge nach über das Hochtal hinüber. Dann muss man auf einer Brücke den Bach queren und zur Straßenverzweigung, von wo es geradeaus das Tal weiter hinauf, an der Alp **Tschuccai** vorbei und auf der rechten Talseite nach einer ausholenden Kehre geradeaus an der **Alp Praveder** vorbei und zur Alp bei **Döss Radond** geht. Gleich dahinter an der Abzweigung des Wanderweges zum Piz Praveder vorbei und gering abfallend durch das weite Tal hinab, zum **Brunnen der Alp Sprella**. Gleich dahinter zweigt nach links die Route nach Livigno ab. Am Hauptweg bleiben und zur **Alp Mora** hinauf. Dort endet die Straße, und man geht auf gutem Weg rund 200 Höhenmeter bergauf, zu den Weg-

Der Munt Buffalora über dem Jufplaun.

Abstieg von Döss dal Termel zur Ofenpassstraße.

tafeln in weiten Wiesenhängen. Dort links halten und bald darauf zu einem Viehbrunnen am Scheitelpunkt der Route. Der Weg weitet sich zu einer groben Fahrspur und führt an einer Alphütte vorbei, von der er in engen, steilen Kehren abfällt. Das Sträßchen führt nun lange über den Jufplaun, wieder an einer Alphütte vorbei und anschließend rund 30% steil zur **Alp Buffalora**.

Von dort am guten Fahrweg zur **Ofenpassstraße** hinaus, die in der Nähe der Bushaltestelle in Buffalora erreicht wird.

Punt dal Gall, 1806 m

Zum Lago di Livigno

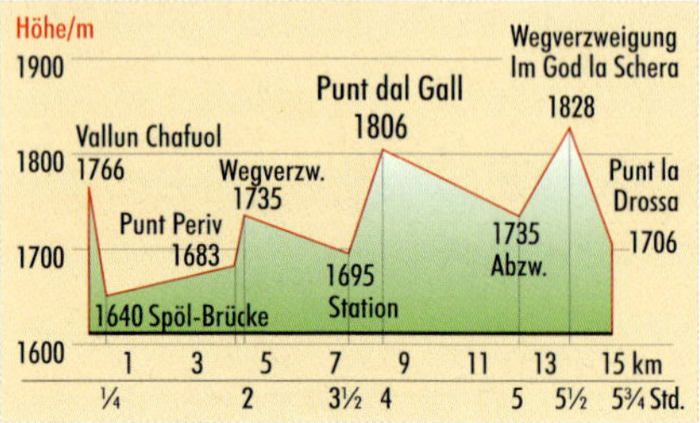

Ausgangspunkt: Vallun Chafuol, 1766 m (Parkplatz P3 im Nationalpark; Bushaltestelle).
Höhenunterschied: 580 m.
Gehzeiten: Aufstieg 4 Std., Abstieg 1¾ Std., gesamt 5¾ Std.
Charakter: Unschwierige Waldwanderung. Ziel ist die triste, aber gigantische Staumauer des Lago di Livigno. Rückfahrt von Punt la Drossa mit dem Bus.
Karte: K+F Wanderkarte Unterengadin.

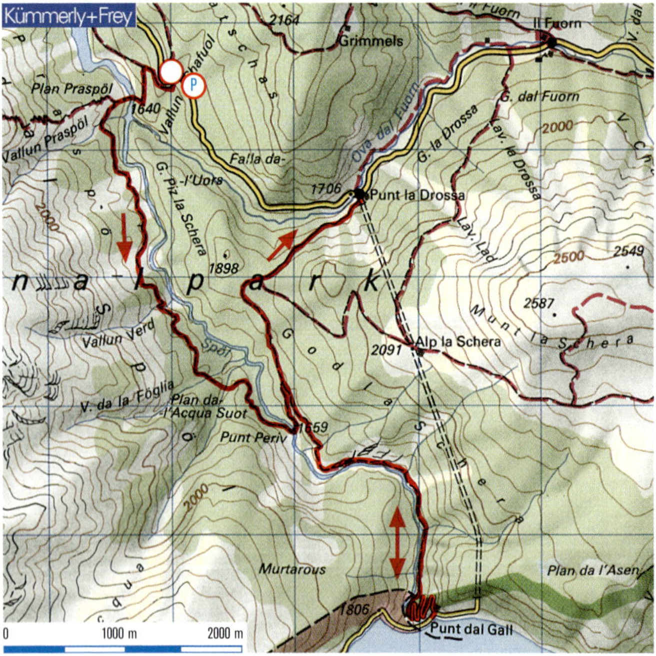

Spöl-Brücke.

Bei dieser Wanderung ist die Route exakt vorgegeben, denn im Nationalpark darf man die Wege nicht verlassen. Obwohl der lange Spaziergang fast ausschließlich durch dichten Wald führt, glänzt er mit großartigen Ausblicken in die wilde Schlucht des ungebändigten Bergflusses Spöl, dem er die meiste Zeit folgt. Interessant ist auch die Schau auf die einsamen, teils tristen, aber majestätisch wirkenden Berge der Umgebung.

Vom großen **Parkplatz** gegenüber der Bushaltestelle geht man am guten Waldpfad nach Westen hinab, um nach einer Viertelstunde Abstieg im Wald bei der Verzweigung links abzubiegen und der Wegtafel nach Punt dal Gall zu folgen. Der Waldweg fällt bis zur **Brücke** über die eindrucksvolle Spöl ab, die sich dort durch eine enge Felsenklamm zwängt. Am jenseitigen Hang steigt der Weg in Kehren wieder auf und stößt zur Lichtung Plan Praspöl. An der Informationstafel am oberen Rand der Lichtung links halten, durch einen felsigen Bachgraben und in ständigem Auf und Ab auf der Westseite der Schlucht nach Süden weiter. Der steile Waldhang ist von einigen nahezu senkrecht abfallenden Gräben durchzogen, und nur hin und wieder lässt sich ein Blick durch den dichten Nadelwald hinunter zum türkisgrünen Wasser des Bergflusses einfangen.
Erst oberhalb einer weiten Flusskehre öffnet sich auf der Höhe von 1710 m ein freier Blick hinab. Nach langem Fußmarsch quert die Route auf einem guten Steg den Bach im Val da la Föglia, und gleich darauf kommt man in die Lichtung Plan dal Acqua Suot und ins Val d l'Acqua, wo wieder auf einem Steg ein Wildbach zu queren ist. Der Waldpfad fällt anschließend kontinuierlich ab, bis er in einer steilen, mit Krummholz bewachsenen Bergflanke zur Spöl abfällt. Beim **Punt Periv** quert er den Wildfluss, steigt auf der Nordostseite der felsigen Schlucht wieder an, führt an einem Rastplatz

Die Schau vom Munt la Schera zum Lago die Livigno, dem Ziel der Wanderung.

vorbei und verzweigt sich. Nun geht es nach rechts, also gegen Süden weiter, an einer gefassten Quelle vorbei in geringem Gefälle in die Spöl-Schlucht hinab. Oben im Waldhang sieht man das runde Loch eines Entlüftungsschachts des Straßentunnels zwischen Punt la Drossa und dem **Punt dal Gall**, und manchmal riecht man es auch ... Hinter der **gewässerkundlichen Station** für wissenschaftliche Erhebungen des eidgenössischen Amtes für Wasserwirtschaft nähert man sich der gewaltigen Beton-Staumauer des Lago di Livigno. Unmittelbar hinter den Nationalpark-Info-Tafeln zweigt nach links der offizielle Weg ab und steigt zu einer Werksstraße an. Wer dort geradeaus den Trittspuren folgt, stößt an das untere Ende der Staumauer und kann sich von dort einen Eindruck von den gewaltigen Ausmaßen der Talsperre machen. Außerdem lassen sich die vielen Mauersegler mit ihren Flugkünsten beobachten. Auf der schmalen Werkstraße geht man in Kehren zur **Staumauer** hinauf. Der **Rückweg** verläuft bis zur Wegverzweigung oberhalb dem Punt Periv entlang dem Zuweg. Dort nun geradeaus weiter, Richtung Punt la Drossa gehen und in langem, stufenweisem Anstieg durch den God la Schera bis zur Routenverzweigung auf der Höhe von 1828 m. Auch bei dieser Verzweigung geht man geradeaus weiter, noch kurz bergauf und dann in langem Gefälle gegen Nordosten am Waldhang dahin, durch zwei Reißen, zur Grenzstation am Tunneleingang und gleich daneben zum Parkplatz P4 (**Punt la Drossa**).

Wer zum **Ausgangspunkt** zurück muss, sollte auf jeden Fall mit dem Linienbus fahren, denn die 2,2 Kilometer lange Strecke auf der engen Autostraße macht keinen Spaß.

An der Spöl.

Munt Blais, 2460 m

Hart an der Grenze zum Nationalpark

Ausgangspunkt: S-chanf, 1662 m, Nationalpark-Parkplatz in Prasüras, 1690 m.
Höhenunterschied: 800 m.
Gehzeiten: Aufstieg 2½ Std., Abstieg 1¾ Std., gesamt 4¼ Std.
Charakter: Die Tour ist relativ kurz, aber im oberen Bereich weglos und enorm steil. Trittsicherheit und Schwindelfreiheit sind zwingende Voraussetzung für den Schlusshang.
Einkehr: Keine.

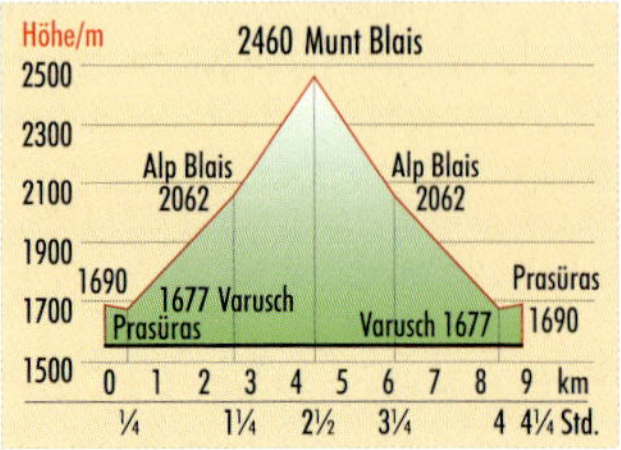

Karte: K+F Wanderkarte Oberengadin.

Der höchste Gipfel im Schweizer Nationalpark ist der Piz Quattervals, der auch ziemlich zentral im Naturreservat liegt. Von ihm zieht sich gegen Westen ein langer Bergkamm über die Gipfel Piz Cotschen und Piz d'Esan hin, bis er über den Munt Blais ins Oberengadin abfällt. Am Munt Blais verläuft die Nationalparkgrenze, und den Bereich außerhalb dieser Linie dürfen wir als Wanderer betreten. Unser Ziel ist zwar kein besonders markanter Berg, aber eine Aussichtswarte auf das Oberengadin, wie sie für diesen Bereich kaum schöner zu finden ist. Auf der Karte ist übrigens der Punkt 2455 m eingezeichnet, der allerdings etwas verzwickter zu erreichen ist als das hier vorgestellte Ziel, das in der Karte nicht besonders erwähnt ist – und daher auch kaum Besuch erhält. Deshalb ist auch das Weidevieh dort oben an fremde Menschen nicht gewöhnt, weshalb es sich bisweilen arg nervös verhält.

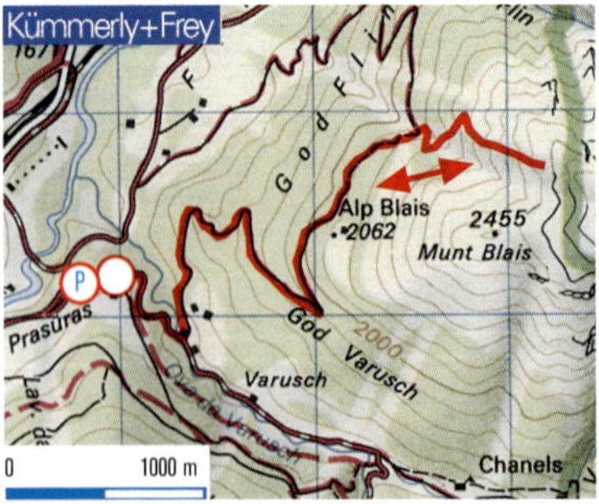

Man verlässt den **Wanderparkplatz** auf der Fahrstraße gegen Süden und geht nach **Varusch** hinab. Am Bach Ova da Varusch zweigt nach links eine schmale Schotterstraße ab. Die Wegtafel zeigt zur Alp Blais hinauf. Auf dieser Straße geht es durch etliche Kehren im Wald hinauf, bis schließlich nach etwa 1 Std. die letzte Kehre unter der **Alp Blais** erreicht ist. Von dort, auf etwa 2040 m, sieht man die Alpge-

Blick von Susauna/Chapella zum Munt Blais und zum Piz d'Esan.

bäude. In dieser Kehre zweigt ein Wanderweg ab. Er führt geradeaus gegen Nordosten nur schwach ansteigend im Wald weiter. Im weiteren Verlauf quert er eine grüne, steile Hangmulde und bald darauf die große Bachreiße, die den ganzen Munt Blais zweiteilt. Gleich hinter dem wilden Bachgraben verlässt man den markierten Wanderweg nach rechts und steigt in Kehren auf Viehspuren den schütteren Waldhang ziemlich steil nach Nordosten hinauf. Bei 2200 m wird die Waldgrenze erreicht und man sieht gut zum Ziel der kleinen Bergtour hinauf. Es ist ein felsiger Kopf, der über einem steilen Wiesenhang aufragt. Über den nördlichen der beiden Grasrücken steigt man nun relativ steil und weglos gegen Südosten auf. Der Hang schwingt sich deutlich auf, bis er schließlich immer mehr von Geröll durchsetzt ist und auch ein wenig felsig wird. Vorsichtig plagt sich der einsame Gipfelstürmer diese etwas heikle Schlussetappe hinauf, bis schließlich die **Gipfelmarkierung** (Steinmann und Holzstecken) erreicht ist.

Man könnte angesichts der Aussicht zum leicht erreichbaren Punkt 2743 m der Karte, der sich südöstlich vom Gipfel zeigt, versucht sein, dort noch hinaufzusteigen. Doch davor sei dringend gewarnt. Auf der Höhe von etwa 2600 m verläuft quer über den Rücken die Grenze des Nationalparks und dahinter besteht absolutes Betretungsverbot. Begnügen wir uns damit, mit dem Fernglas dort die Steinböcke zu beobachten.

Zurück geht es entlang der Aufstiegsroute, wobei man im Gipfelhang besonders vorsichtig und sauber gehen muss. Fürs Hinunterfallen wäre der Hang steil genug.

Lej Muragl, 2713 m (Fuorcla Val Champagna, 2803 m)

Durch die Vals Muragl und Champagna

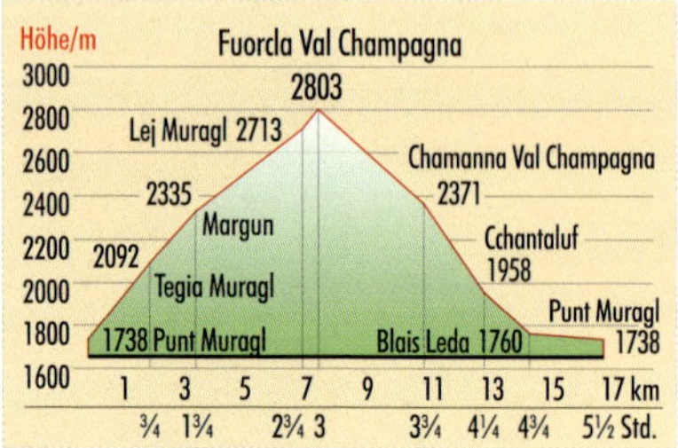

Ausgangspunkt: Punt Muragl, 1738 m.
Höhenunterschied: 1150 m.
Gehzeiten: Aufstieg 3 Std., Abstieg 2½ Std., gesamt 5½ Std.
Charakter: Sehr lange, streckenweise überlaufene, dann wieder sehr ruhige Wanderung mit der Möglichkeit, einen strammen Gletscherberg (Piz Vadret, 3199 m) zu besteigen. Die Rundtour ist nicht schwierig, aber sie verlangt einwandfreie Kondition und Ausdauer. Anspruchsvoll ist allerdings der Gipfelanstieg zum Piz Vadret (Steigeisen und evtl. Eispickel erforderlich).
Einkehr und Übernachtung: In Samedan und Pontresina.
Karte: K+F Wanderkarte Oberengadin.

Wegen der Nähe der beliebten Bergbahn auf die Muottas Muragl ist es in diesem Teil der Languardgruppe nicht mehr ruhig. Es sei denn, man steigt so früh am Morgen auf, dass man vor den vielen Besuchern schon aus den stark frequentierten Bergbereichen heraus ist. Die meisten Seilbahn-Touristen wandern zur Chamanna Segantini hinüber (Tour 35) und deshalb ist der größte Trubel am Vormittag im mittleren Bereich des Val Muragl. Darunter und vor allem dahinter ist es einigermaßen ruhig.

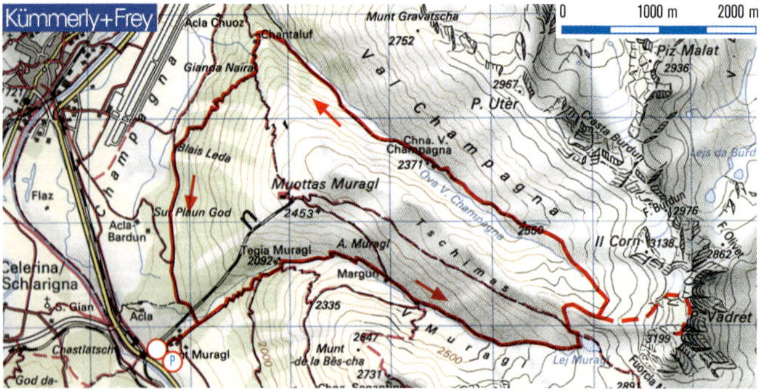

Lej Muragl und Piz Muragl.

Vom **Bergbahnparkplatz** durch ein Villenviertel nach Nordosten hinauf, in lichten Lärchenwald und dem Fahrweg, der Rodelbahn und dem Wanderweg zur **Tegia Muragl** folgen. Durch das Val Muragl hinauf, an der Alp Muragl (**Margun**) vorbei und zum kleinen, türkisgrünen **Lej Muragl**. Vom Seelein zu den Wegweisern hinüber und auf Bergweg zur **Fuorcla Val Champagna**. Der Exkurs zum **Piz Vadret** würde dort nach rechts abzweigen und über dunkles Geröll zu einem Höhenrücken und dann auf einem Gletscherrest (Steigeisen!) in die Scharte zwischen Il Corn und Piz Vadret führen. Von dort nach Süden über den teilweise scharfen Gipfelgrat zum höchsten Punkt (hin und zurück 2½ Std.). Der Rundweg zweigt in der Fuorcla nach Nordwesten ab und fällt durch ein Blockfeld ab. Im weiteren Verlauf wendet sich der markierte Weg auf die Nordseite des Val Champagna, allmählich werden die Bergeshänge wieder grün und schließlich kommt man zur **Chamanna Val Champagna**, 2371 m. Hinter der Hütte schlängelt sich der Bergpfad zum Bachgraben hinab und führt das Tal hinaus, ehe er links abdreht und den Bach quert. Nach einer ebenen Etappe durch Krummholz am Wasserausleitungsbauwerk auf 2100 m Höhe vorbei und links des Bachs zur Wegverzweigung. Links abbiegen, durch die Lichtung von **Chantaluf**, 1958 m, wo sich die Route verzweigt. Wieder links schwenken und zum Wanderweg. Auf ihm in vielen Kurven zur Wegverzweigung bei der **Blais Leda**, knapp oberhalb des Flugplatzes von Samedan. Von dort auf breitem Spazierweg nach Süden zum **Ausgangspunkt** zurück.

Chamanna Segantini, 2731 m

Zum Sterbehaus des berühmten Malers

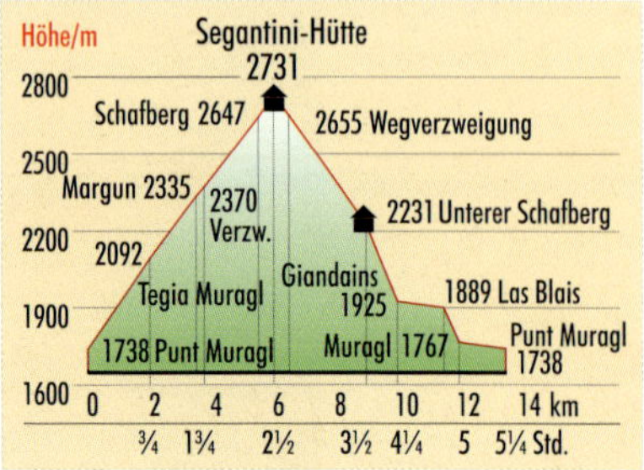

Ausgangspunkt: Punt Muragl, 1738 m.
Höhenunterschied: 1035 m.
Gehzeiten: Aufstieg 2½ Std., Abstieg 2¾ Std., gesamt 5¼ Std.
Charakter: Anstieg im Val Muragl auf schönem Bergweg. Ab dem Schafberg großartige Ausblicke ins Oberengadin, ins Val Rosegg und zu den Bernina-Eisriesen; steiler Abstieg, insgesamt leicht.
Einkehr und Übernachtung: Chamanna Segantini (im Sommer 2003 stand die Hütte zum Verkauf und war nicht bewirtschaftet, wie es weitergeht, ist offen), Restaurant Schafberg, 2231 m.
Karte: K+F Wanderkarte Oberengadin.

Der Handwerkersohn Giovanni Segantini, der aus Arco am Gardasee ins Oberengadin übersiedelt war, hatte es als Maler zu großer Berühmtheit gebracht. Mit seinen Bildern, vor allem dem Hauptwerk, dem Triptychon »Werden – Sein – Vergehen«, hat er Weltruhm erlangt und wurde von Freunden als »Rafael der Berge« bezeichnet. Er starb 41-jährig am 28. September 1899 in einer kleinen Hütte am Schafberg an Blinddarmentzündung. Diese Hütte steht am höchsten Punkt einer sehr beliebten, besonders aussichtsreichen Rundwanderung. Man kann sich den Anstieg durch das Val Muragl (1½ Std.) sparen, wenn man mit der Standseilbahn zu den Muottas Muragl auffährt.

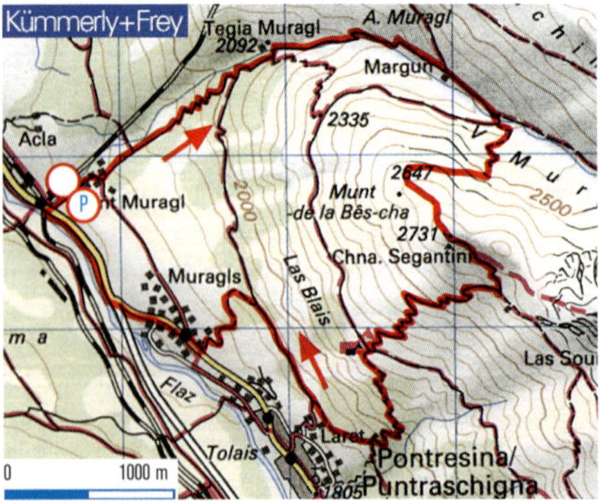

Auf der Asphaltstraße gegen Nordosten hinauf und an den Abzweigungen den Wegweisern nach Muottas Muragl folgen. Man kann nun auf steiler Fahrspur (im Winter Rodelbahn) oder rechts

Blick von der Chamanna Segantini ins Val Rosegg.

daneben am schönen Wanderweg aufsteigen. Immer im Tal dahin und neben dem Wildbach zur **Tegla Muragl**, 2092 m. Nun weiter zur Almhütte von **Margun**, wo der Weg von der Bergstation der Standseilbahn herüberkommt. An der nächsten Wegverzweigung rechts abdrehen, über den Bach und gleich dahinter links abbiegen. Der breite Bergweg schlängelt sich dann relativ steil gegen Südwesten hinauf und erreicht bei etwa 2570 m Höhe ein breites Geröllfeld, das er auf einem Plattenweg quert. Anschließend wieder über einen Wiesenhang, am **Schafberg** vorbei und in weitem Linksbogen, zuletzt gegen Südosten zur kleinen **Segantini-Hütte**. Von der Hütte gegen Südosten absteigen, an der Wegverzweigung rechts abbiegen und der nach Pontresina beschilderten Abstiegsroute folgen. An der Verzweigung auf ca. 2660 m rechts halten und über den steilen, mit vielen Lawinenverbauungen versehenen Hang in unzähligen Kehren hinab. Allmählich kommt man in Krummholz hinein, zu dem sich weiter unten Lärchen und Arven gesellen. Am **Unteren Schafberg**, bei der Wirtschaft, verzweigt sich die Route mehrmals. Dort erst rechts, dann links gehen, am Restaurant vorbei und in Kehron durch den Wald, am Leyden-Denkmal vorbei und an den oberen Rand des **Lawinen- und Murfangs** am Val Giandains oberhalb von Pontresina. Dort rechts abdrehen, dem Wegweiser Las Blais folgen, ein Stück am Fahrweg und dann in längerem Gegenanstieg durch schönen Lärchenwald bis **Las Blais**. An der dortigen Abzweigung links gehen und nach **Muragl** hinab. Durch den Ort den Wegtafeln folgen und neben der Autostraße zum **Ausgangspunkt** zurück.

Piz Languard, 3262 m

Hauptgipfel der Languardgruppe

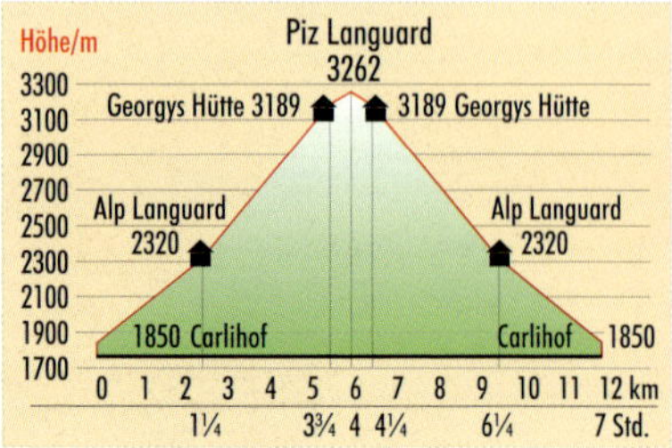

Ausgangspunkt: Parkplatz am Friedhof bei der alten Kirche Santa Maria in Carlihof, 1850 m.
Höhenunterschied: 1420 m.
Gehzeiten: Aufstieg 4 Std., Abstieg 3 Std., gesamt 7 Std.
Charakter: Ohne Seilbahnunterstützung sehr lange und anstrengende Tour. Für den Gipfelanstieg braucht man Trittsicherheit.
Einkehr und Übernachtung: Alp Languard, Georgys Hütte unter dem Gipfel und evtl. Chamanna Paradis.
Karte: K+F Wanderkarte Oberengadin.

Einen Namen hat sich der Piz Languard wegen des angeblich besonders eindrucksvollen Sonnenaufgangs gemacht, den man vom Gipfel aus beobachten kann. Früher sind die Bergsteiger deshalb schon um Mitternacht aufgebrochen, um zeitig am höchsten Punkt zu sein und manche tun es heute noch. Es ginge auch einfacher, denn nicht einmal 100 Höhenmeter unter dem Gipfel steht die Georgys Hütte. Wer also von dort losgeht, braucht erst eine halbe Stunde vor dem Sonnenaufgang die gemütliche Hütte zu verlassen. Natürlich lohnt sich die lange Bergtour auch tagsüber, denn die großartige Gipfelrundschau gibt es den ganzen Tag über zu beobachten, bis zum Sonnenuntergang ... Am Piz Languard leben – wie in diesem gesamten Alpenbereich – enorm viele Steinböcke. Will man sie beobachten, muss man früh losgehen. Wenn nämlich die vielen Seilbahn-Auffahrer am Berg unterwegs sind,

Bernina-Schau von der Georgys Hütte.

wird es den Böcken zu unruhig und sie ziehen sich in stillere Winkel zurück.

Die Aufstiegsroute führt von der **Kirche** am markierten Wanderweg an der Burgruine vorbei und nach Südosten. Bei der Quelle neben dem Rastplatz links abdrehen und im Wald gegen Nordosten und später wieder gegen Südosten hinauf. Aus dem Wald heraus und in den Hängen der **Alp Languard** nach Norden weiter.
An der Wirtschaft im Alpgebäude vorbei und zur Seilbahn-Bergstation auf 2320 m. Nun gegen Osten die Hänge nördlich des Val Languards queren und an die Felsausläufer des Piz Languard heran. Bei der letzten Routenverzweigung auf 2900 m links halten und am steilen Felssteig nach Norden mühsam zur **Georgys Hütte** hinauf. Von dort die letzte halbe Stunde zum **höchsten Punkt** hinauf.
Beim **Abstieg** folgt man bis zur Verzweigung auf 2900 m in jedem Fall der Aufstiegsroute. Von dort gibt es mehrere Möglichkeiten für den Rückweg. Eine führt nach links und unter dem Languardkamm (Crasta Languard) zur Forcula Pischa und von dort in das Val da Fain hinaus (siehe Tour 37 oder 38). Man kann auch aus dem Val Languard zur Chamanna Paradis aufsteigen und nochmals einkehren, bevor man am Höhenrücken »Paradis« zur Alp Languard absteigt.

Tipp:

Die erste Stunde des Aufstiegs kann man sich dank Seilbahnunterstützung auch sparen.

Piz dal Fain, 2908 m

Auf den Heuberg

Ausgangspunkt: Bernina-Diavolezza, 2093 m.
Höhenunterschied: 845 m.
Gehzeiten: Aufstieg 2½ Std., Abstieg 1¾ Std., gesamt 4¼ Std.
Charakter: Vom Val da Fain bis zum Lej da la Pischa ziemlich steiler Anstieg in stellenweise stark abbrechenden Hängen. Gipfelanstieg weglos und deshalb nur bei guter Sicht zu empfehlen.
Einkehr: In Bernina Suot.

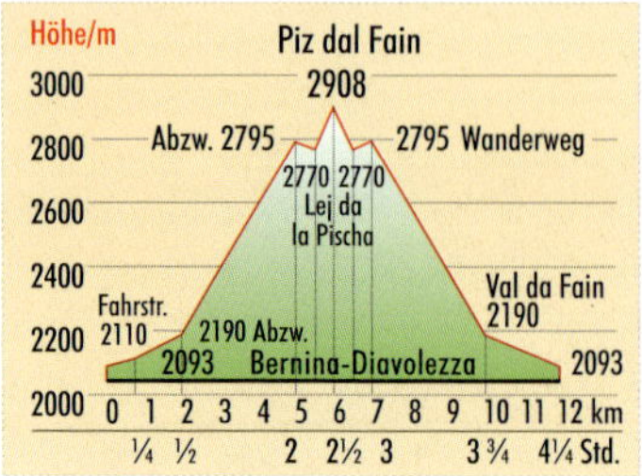

Karte: K+F Wanderkarte Oberengadin.

Auch wenn sein Name noch so gut klingt, der Piz dal Fain ist ein recht unbedeutender Gipfel, der vor allem vor den benachbarten Bergriesen der Berninagruppe »untergeht«. Doch lohnt sich die Wanderung dort hinauf, weil man eine gute Sicht zu den Bernina-Bergen hat und weil die Besteigung für die relativ große Höhe ziemlich einfach und schnell zu bewältigen ist. Vom Gipfel lässt sich die Anstiegsroute auf den Piz Albris studieren, die im unteren Teil identisch mit dieser Wanderung ist.

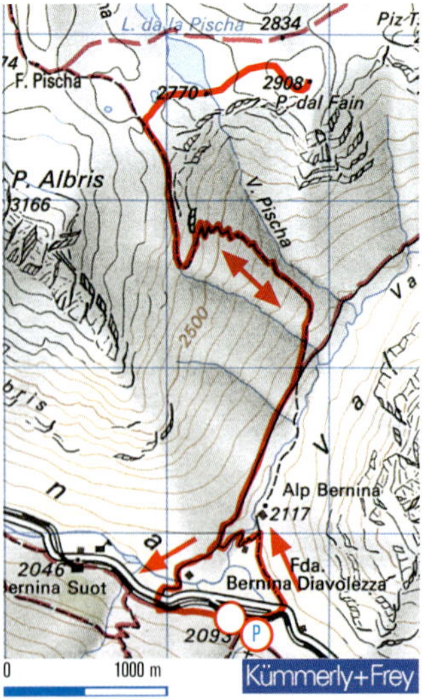

Vom Seilbahnparkplatz **Bernina-Diavolezza** geht man auf der Passstraße rund 100 Meter weit gegen Osten hinauf und zweigt dann auf eine Fahrspur links ab. Auf ihr nach Nordwesten weiter, bis sie sich in den Weidewiesen verliert. Bald darauf stößt man zu einem Fahrweg, der den Ova da la Val da Fain (Heutalbach) quert und dann zur Almstraße ansteigt, die durch das Val da Fain hinaufführt. Auf diesem Sträßchen geht es nun gegen Norden hinauf, an der Alp Bernina vorbei, bis nach links an beschilderter Stelle der Bergweg zur Forcula Pischa abzweigt. Der gute

Ende Mai am Piz dal Fain.

Pfad steigt anfangs moderat nach Norden an, dreht bei einem Brunnen links ab und führt deutlich steiler über einen Bergrücken nach Nordwesten den Hang südwestlich des Val Pischa hinauf. Oberhalb des Rückens beschreibt er viele Kehren und dreht allmählich nach Süden ab, bis er ab dem Kotierungspunkt 2625 m nach Norden schwenkt und unter den steilen Hängen des Piz Albris ansteigt. Dabei führt er durch eine breite Hangreiße, die von losem Schieferschutt geprägt ist.

Dort und auch noch die felsige Etappe darüber muss man gut aufpassen, dass man nicht stolpert, was fatale Folgen haben könnte. Dann kommt man über eine Hangkante in ein breites Hochtal hinein. Man folgt noch etwa 150 Meter weit dem Weg durch dieses Tal und dreht dann rechts ab, um die markierte Route gegen Nordosten zu verlassen. Auf undeutlichen Trittspuren in scharfkantigem Schiefergestein über einen breiten Höhenrücken gering ansteigend hinauf, dann ebenso flach wieder hinab und zum Auslauf des dunklen **Lej da la Pischa** auf dessen Südostseite. Über den Bach, der übrigens gleich dahinter als wilder Wasserfall ins Val Pischa stürzt, und auf tristen Schiefer-Schuttfeldern ohne erkennbare Wegspur gegen Osten zum Gipfelsteinmann auf dem **Piz dal Fain**.

Zurück geht es entlang der Aufstiegsroute. Man kann sich den Schlenker unter der Alp Bernina auch sparen, wenn man am Fahrweg bleibt und auf ihm bis zur Berninapassstraße absteigt. An der Passstraße muss man links abbiegen und die letzten Meter zum **Ausgangspunkt** zurückgehen.

38

Piz Albris, 3166 m

Im Steinbockasyl

Ausgangspunkt: Bernina Suot, 2046 m.
Höhenunterschied: 1150 m.
Gehzeiten: Aufstieg 4 Std., Abstieg 3 Std., gesamt 7 Std.
Charakter: Es hängt sehr von den Bedingungen ab, wie diese Tour zu bewerten ist. Bei geringer Schneelage oder gutem Stapfschnee kann sie fast zu einem Spaziergang werden. Sind die Gletscherreste allerdings vereist, werden An- und Abstieg zu einem ernsten Unternehmen. Steigeisen oder wenigstens Grödl sollte man auf jeden Fall mitnehmen.
Einkehr: In Bernina Suot.
Karte: K+F Wanderkarte Oberengadin.

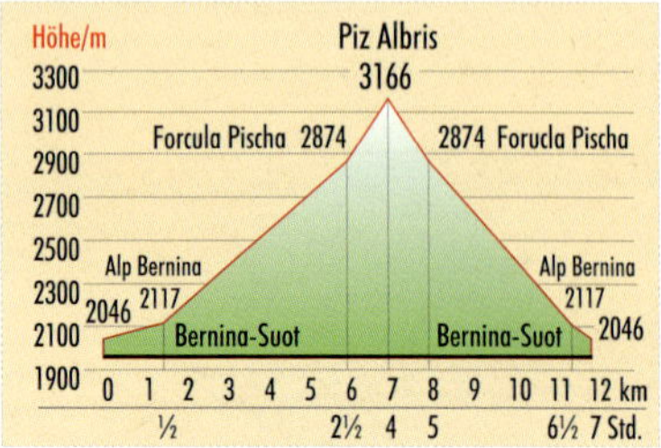

Am Piz Albris sind nach deren Ausrottung die ersten der am Gran Paradiso überlebenden Steinböcke wieder angesiedelt worden. Dort ist also die zweite Heimat des bündener Wappentiers. Es sollen inzwischen in der Gegend weit mehr als 400 Steinböcke leben. Am Piz Albris selber bekommt man Capra ibex allerdings weniger zu Gesicht. Die meisten dieser strammen Kletterer halten sich im Val Languard und vor allem im oberen Val Chamuera und am Piz la Stretta (siehe Tour 39) auf. Die Hauptattraktion am Piz Albris ist die großartige Schau ins Herz der Bernina hinüber. Vom einstigen Vadret Albris ist übri-

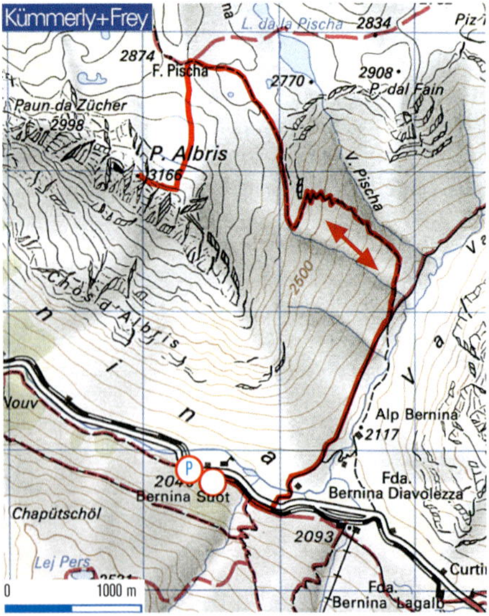

Blick über den Lej Pers zum Piz Albris

gens nicht mehr viel da. Heiße Sommer und schneearme Winter haben ihm arg zugesetzt. In wenigen Jahren wird er ganz verschwunden sein.

Der Anstieg führt neben der **Bernina-Passstraße** nach Osten und dann ins Val da Fain hinein. Anschließend geht es an der **Alp Bernina** vorbei und im breiten Tal nach Norden dahin, bis nach links eine markierte Spur abzweigt, die sich über steile Wiesenhänge zu einer breiten aber steilen Geländerippe wendet. In vielen Kehren den steilen Hang hinauf und kurz vor einem schroffen Felsgebilde nach Süden abdrehen. Um das felsige Hindernis herum und in den Sattel am oberen Rand der Hangkante. Am deutlichen Weg zur **Forcula Pischa**, 2874 m, weiter. Im Pass links abdrehen und gegen Süden über die Reste des Vadret Albris geradewegs zum Nordgrat hinauf. Auf ihm rechts abdrehen und zum **Gipfel**.

Zurück geht es entlang der Aufstiegsroute.

Tipp:

Die extrem steile und schwierige Variante durch die steile Nordwestrinne wird wegen Eis- und Steinschlag und wegen des brüchigen Gesteins nicht empfohlen.

Piz la Stretta (Monte Breva), 3104 m

Besuch bei den Steinböcken

Ausgangspunkt: Parkplatz bei der Alpe Campaccio südl. von Livigno, 1930 m.
Höhenunterschied: 1210 m.
Gehzeiten: Aufstieg 4 Std., Abstieg 3 Std., gesamt 7 Std.
Charakter: Gemessen an der Höhe des Berges ist die Wanderung ausgesprochen leicht. Allerdings muss man warten, bis der Schnee wirklich geschmolzen ist (ab Juli). Die Route ist durchgehend markiert, nicht schwierig zu finden und es gibt keine ausgesetzten Etappen. Ausdauer erforderlich.
Einkehr und Übernachtung: In Livigno.
Karte: K+F Wanderkarte Oberengadin.

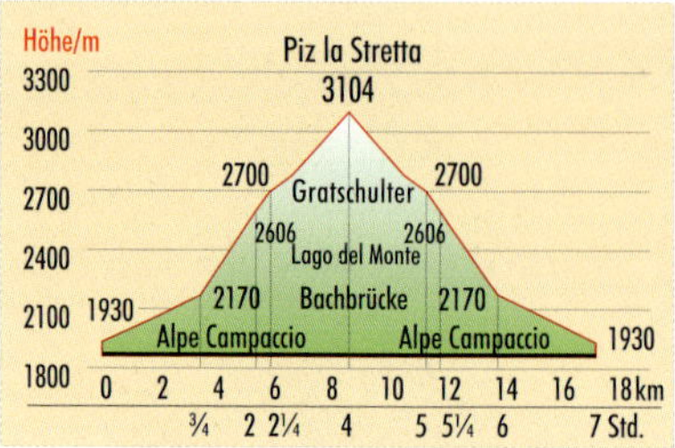

Zum Piz la Stretta gibt es verschiedene Routen. Beispielsweise kann man vom Berninapass durch das Val da Fain aufsteigen. Die hier vorgeschlagene Variante beginnt im Tal von Livigno, an der Passstraße zur Forcula di Livigno, auf der italienischen Seite des Berges. Das hat seinen guten Grund, denn dieser Anstieg ist zwar der längste, aber auch der schönste. Egal, welchen Weg man wählt, man kommt immer an einem Lieblingsplatz der Steinböcke vorbei, denn die wohnen am breiten, langen Gipfelrücken. Und wenn sie wirklich nicht daheim sind, kann man sich mit einem gigantischen Bernina-Blick trösten.

Vom Parkplatz unter der **Alpe Campaccio** am Fahrweg zur Alm hinauf und zur Straßenverzweigung hinter der Bachbrücke. Dort links halten und den vielen engen Kehren des steilen Sträßchens fol-

Steinböcke in den Gipfelhängen des Piz la Stretta (Monte Breva).

gen, bis sich dieses auf der Höhe von etwa 2070 m verzweigt. Nun nach links dem schmalen, markierten Fahrweg folgen. Er wird immer flacher und führt in das Valle del Monte hinein. Der schöne Lärchen- und Arvenwald lichtet sich und der Weg führt in engem Knick durch einen Bachgraben. Schließlich kommt man zu einer **Brücke**, auf der der Bach nach links gequert wird. Nun relativ steil in Kehren den labilen Nordhang hinauf, ein wildes Hangtal mehrmals queren und dann wesentlich angenehmer in vielen Kurven einen Wiesenhang hinauf. Das Gelände wird immer flacher und man kommt am stillen **Lago del Monte**, 2606 m, an. Am Südostufer des Sees weiter, dem markierten Bergweg gegen Südwesten folgen und zu einer breiten **Gratschulter** auf 2700 m, wo sich schöne Alpenmargeriten und Gletscherhahnenfuß um einen Platz am tristen Hang raufen. Bei den auffallenden Steinmännern rechts abbiegen und am erstaunlich schönen Bergweg über die tristen Hänge von Bos della Breva nach Südwesten dahin, bis auf 2780 m Höhe eine Wegtafel erreicht wird, wo sich die Route verzweigt. Dort rechts halten und im Schutthang nach Nordwesten auf schlechter Wegspur den Markierungszeichen und Steinmännern folgen. Schließlich wird ein Gratsattel erreicht, wo die Route links abdreht, an einem Vorgipfel links vorbei führt und am breiten Schiefer-Schuttrücken bis zum **Gipfel** ansteigt.

Der **Rückweg** verläuft entlang der Aufstiegsroute. Man kann unter dem Lago del Monte auf einer etwas nördlicher gelegenen Wegspur deutlich steiler und unangenehmer als am Anstiegsweg absteigen, bis sich beide Routen vereinen.

40

Piz da l'Ova Cotschna, 2716 m

Am Rosatschkamm

Ausgangspunkt: St. Moritz-Bad, 1778 m.
Höhenunterschied: 1000 m.
Gehzeiten: Aufstieg 2¼ Std., Abstieg 1¾ Std., gesamt 4 Std.
Charakter: Einfache Tour auf guten, aussichtsreichen und markierten Wanderwegen.
Einkehr und Übernachtung: In St. Moritz.
Karte: K+F Wanderkarte Oberengadin.

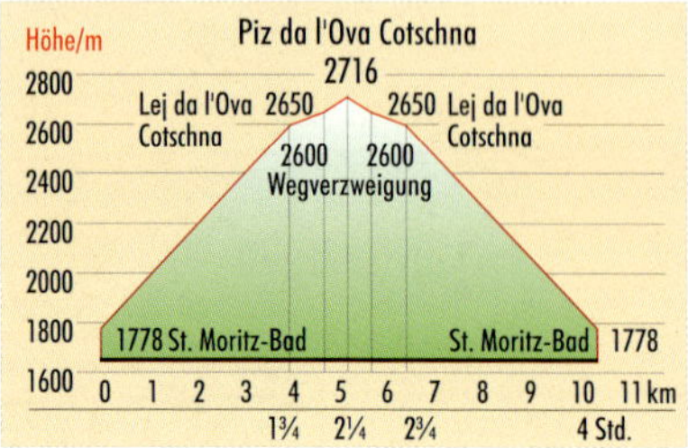

Südlich von Sankt Moritz erstreckt sich der Rosatschkamm als massives Bollwerk vor den Eisriesen der

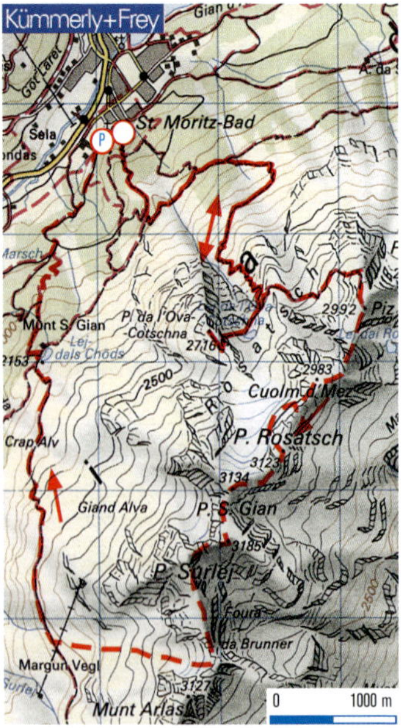

Bernina. Markantester, wenn auch nicht höchster Gipfel und Namensgeber ist der Piz Rosatsch. Gäbe es den Rosatschkamm nicht, wäre von St. Moritz fast die gesamte Eisarena der Bernina-Alpen einzusehen. So muss man sich mit dem zwar steilen und auch von ein paar Gletscherresten gezierten Rosatschkamm zufrieden geben, der dem einzigen Viertausender der Ostalpen nicht im geringsten das Wasser reichen kann. Wer sich die Mühe macht und den Rosatschkamm über Piz Mezdi, 2992 m, Cuolm d'Mez, 2983 m, Piz Rosatsch, 3123 m, Piz San Gian, 3134 m und die beiden Gipfel des Piz Surlej, 3185 m und 3188 m überschreitet, kann seinem privaten Gipfelbuch einige recht schöne Einträge hinzufügen und obendrein vom langen Kamm die großartigen Bernina-Blicke genießen, die dem Wanderer zum Piz da l'Ova Cotschna vorenthalten bleiben. Will man

Links der Gipfel des Piz da l'Ova Cotschna, in der Mite der Piz Ot.

sich allerdings von diesen Aussichten nicht auf die schöne Schau ins Oberengadin mit den vielen berühmten Seen ablenken lassen, bleibt man auf der Nordwestseite des Rosatschkamms und steigt zum hier vorgeschlagenen Wanderziel auf, das obendrein auch technisch noch viel einfacher ist als die lange, weitgehend weglose Rosatschkamm-Tour.

Im Süden von **St. Moritz-Bad** beginnen die Wege auf den Rosatschkamm. Sie steigen nach Süden an, drehen weiter oben gegen Osten ab und queren ein paar alternative Routen. Den Wegweisern bis in die steilen Hänge bei einer Gratrippe unter dem Cuolm d'Mez folgen. Dann in ein weites Hangtal hinein und an seinem Nordostrand in Kehren recht stramm zur Wegverzweigung. Spätestens dort muss man sich entscheiden, ob man »nur« zum Piz da l'Ova Cotschna hinauf oder gleich über den ganzen Rosatschkamm will. Nach links ginge es zum Rosatschkamm (Überschreitung und Abstieg über Lejdals Chöds ca. 9 Std. ab Wegverzweigung). Die gemütlichere Bergtour zweigt rechts ab und schon nach ein paar Minuten kommt man an den stillen **Lej da l'Ova Cotschna**. Bald stellt sich heraus, dass man es nicht nur mit einem, sondern gleich mit etlichen kleinen Seen zu tun hat, die trübes Gletscherwasser oder kristallklares Quellwasser sammeln. Zum unscheinbaren Gipfel ist es nur noch ¼ Std. hinüber. Man geht vom Seenplateau nach Westen zum Südostrücken des **Piz da l'Ova Cotschna** und über ihn zum höchsten Punkt.

Zurück geht es entlang der Aufstiegsroute. Möglich wäre auch der Abstieg über den malerisch gelegenen Hahnensee, aber das ergäbe eine sehr weite Runde.

Fuorcla Surlej, 2755 m

Von Pontresina durch das Val Roseg

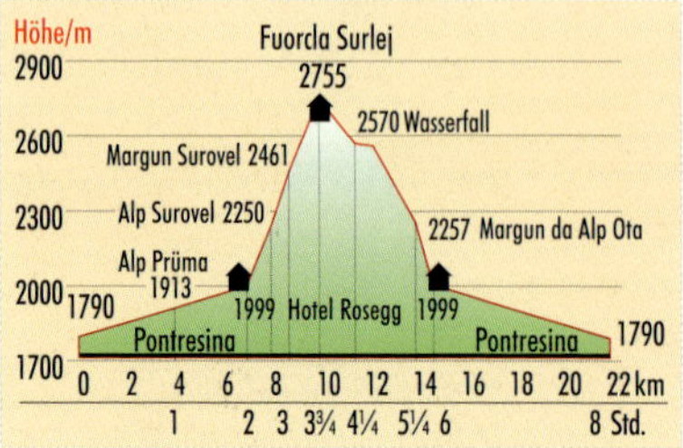

Ausgangspunkt: Pontresina, Parkplatz am Eingang ins Val Roseg, 1790 m.
Höhenunterschied: 1015 m (mit Gegenanstiegen).
Gehzeiten: Aufstieg 3½ Std., Abstieg 4½ Std., gesamt 8 Std. (mit Fahrradunterstützung insges. 4 Std.)
Charakter: Nach dem langen Talmarsch folgt ein leichter, aber bisweilen etwas steiler Anstieg über einen freien Sonnenhang. Schwierigkeiten sind nicht zu erwarten.
Einkehr und Übernachtung: Hotel Roseg, 1999 m und Berghaus Fuorcla Surlej, 2755 m.
Karte: K+F Wanderkarte Oberengadin.

Von Sils, von Silvaplana und auch von Sankt Moritz kann man zu Fuß in die Fuorcla Surlej hinaufwandern. Wer es bequem möchte, kann sich den Aufstieg sogar mit der Seilbahn erleichtern. Das sind alles schöne Wege. Aber am schönsten ist wahrscheinlich der Zugang durch das Val Roseg. Schon beim Aufstieg hat man die eisgepanzerten Bergriesen der Bernina-Berge vor Augen, und den krönenden Abschluss bildet dann die Schau aus der Fuorcla zu den höchsten Gipfeln der Ostalpen. Für das lange Val Roseg empfiehlt sich ein Fahrrad, dabei braucht man nicht einmal ein Mountainbike, es genügt ein normales Velo. Damit verkürzt man die Tour um 4 Std.

Blick von der Fuorcla Surlej zum Piz Roseg.

Wer zu Fuß geht, folgt dem Wanderweg auf der Ostseite des Ova da Roseg. Mit dem Bike fährt man vom Bahnhof in **Pontresina** am westlichen Weg ziemlich eben ins Val Roseg hinein und folgt immer dem Fahrweg, auf dem auch die Pferdekutschen verkehren. Bei der **Alp Prüma** muss man links abbiegen und den Ova da Roseg queren. Nun auf der östlichen Bachseite weiter, an der Einmündung des Wanderweges vorbei und wieder auf die Westseite des Bachs, bis bald darauf das **Hotel Roseg** erreicht ist. Radfahrer stellen dort ihr Velo ab. Nun geht es am Wanderweg gegen Norden weiter, durch ein paar Kehren und über Blockhänge, schütteren Zirbenwald und dann über freie Hänge gegen Südwesten den Hang hinauf. Der gute Bergweg führt an der **Alp Surovel**, 2250 m und der Hütte **Margun Surovel**, 2461 m, vorbei und steigt stetig bis in die **Fuorcla Surlej** an.

Man kann entlang der Aufstiegsroute absteigen. Doch empfiehlt sich eine Alternative, die besonders schöne Aussichten gewährt und obendrein deutlich weniger steil abfällt. Um ihr zu folgen, muss man nur ein kurzes Stück auf der Anstiegsroute zurückgehen. Dann zweigt man rechts ab und folgt der beschilderten Route gegen Süden zur Coaz-Hütte. Das Weglein fällt nur gering ab, quert ein paar wilde Sturzbäche, führt unter dem **Wasserfall** vorbei, steigt sogar zwischendurch ein wenig an und verzweigt sich in den steilen Hängen der Alp Ota. Dort links abknicken, gegen Norden zur Margun da Alp Ota, 2257 m, und anschließend in engen Kehren durch dichten Bergwald deutlich steiler ins **Val Roseg** hinab. Neben dem Gletscherbach gemütlich zum **Hotel Roseg** zurück und entlang der Aufstiegs- bzw. Auffahrtsroute nach **Pontresina** hinaus.

Muott' Ota, 2644 m

Silser Bergspaziergang

Ausgangspunkt: Sils-Maria, 1809 m (Parken im Parkhaus).
Höhenunterschied: 850 m.
Gehzeiten: Aufstieg 3½ Std., Abstieg 2¼ Std., gesamt 5¾ Std.
Charakter: Relativ einfache Höhenwanderung mit mehreren Routenvarianten. Die Zahl der Bergwanderer nimmt mit zunehmender Höhe immer mehr ab. Am höchsten Punkt der Tour ist man wahrscheinlich alleine.

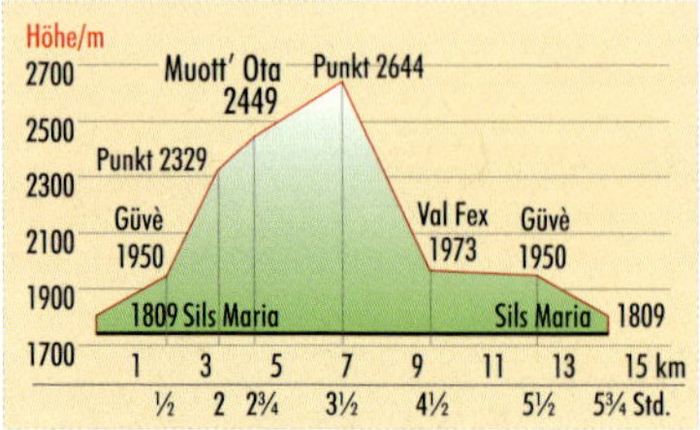

Einkehr und Übernachtung: In Sils.
Karte: K+F Wanderkarte Oberengadin.

Der lange Bergkamm Muott' Ota trennt das Val Fex und das Val Fedox. Genau genommen zieht sich dieser Kamm bis zum Piz Fora hin und gipfelt auf stolzen 3363 m.

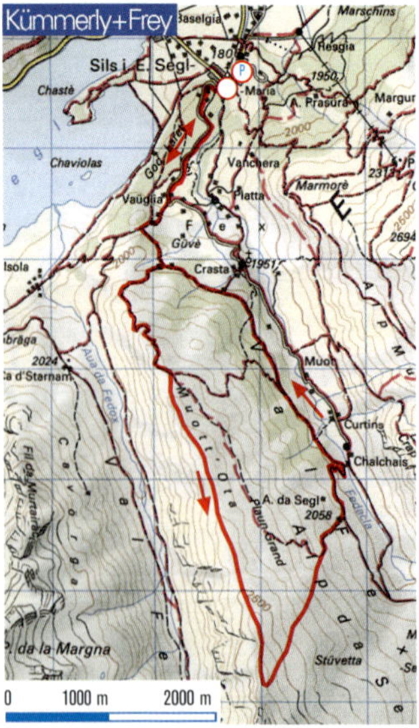

Dort hinauf wäre es allerdings eine sehr anspruchsvolle Gletschertour, die angesichts der stark zurückschmelzenden Vadrets immer schwieriger wird. Wer sich lieber mit einfach zu erreichenden Wanderbergen abgibt, beschränkt sich mit einem der vielen Höhepunkte der Muott' Ota. Hält man bis zu diesem Zielpunkt durch, muss man immerhin fast 900 Höhenmeter überwinden. Für einen so bescheidenen Berg ist das ziemlich viel. Vom ganzen langen Höhenrücken kann man eindrucksvolle Blicke auf die Engadiner Bergwelt und weite Teile der Bernina-Berge werfen, wenn die Luft rein ist, aber das ist in dieser schönen Gegend dank Malojawind meistens kein Problem.

Vom Dorfplatz in **Sils Maria** geht es erst einmal am Fahrweg nach Südwesten in den God Laret. Im schütteren Nadelwald dann etwas

Traumhafter Blick von der Muott' Ota ins Oberengadin.

abwärts und nach **Güvè**, 1950 m, hinauf. Nach Süden weiter, wieder ein wenig abwärts und dann steil bergauf und an den langen Bergrücken heran. Durch schönen, felsigen Wald nach Süden hinauf und am Weglein zu dem als **»Muott' Ota«** bezeichneten **Punkt 2449 m**.

Der nächste Punkt am Kamm ist 2449 m hoch und er wird normalerweise zum Gipfel gekürt. Man erreicht ihn, wenn man immer nur auf der höchsten Stelle des Rückens nach Süden weitergeht. Reicht das immer noch nicht, folgt man dem Rücken auf schmalem Bergweg bis zum Punkt **2644,6 m** hinauf. Zwischen den wilden, schieferartigen Felsen dort oben kann man gut rasten und je nach Wetter Schatten oder Windschutz finden.

Vom Zielpunkt geht man weitgehend weglos nach Nordosten hinab, bis schließlich ein Bergweg erreicht wird, der über den Plan Grand ins **Val Fex** abfällt. Gegen Osten zur Alp da Segl, 2058 m, weiter und von dort auf Fahrweg bis kurz vor die Wirtschaft Chalchais. Ab dort auf einem Wanderweg westlich des Fex-Tals gegen Norden etwa 50 bis 80 Meter über dem Talgrund weiter, hoch über Crasta gegen Nordwesten und nach **Güvè**. Ab dort entlang der **Aufstiegsroute**.

Lägh da Cavloc, 1907 m

Am Motta Salacina

Ausgangspunkt: Orden bei Maloja, 1800 m.
Höhenunterschied: 380 m.
Gehzeit: 3 Std.
Charakter: Sehr leichte Rundwanderung mit schönen Ausblicken. Ohne die geringsten Schwierigkeiten. Badegelegenheit im Lägh da Cavloc. Für Kinder ab 8 Jahren gut geeignet.
Einkehr: Gasthaus am Lägh da Cavloc.
Karte: K+F Wanderkarte Oberengadin.

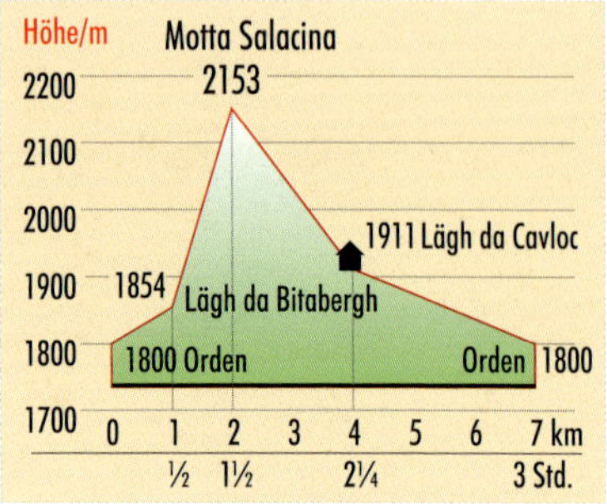

Diese nette, beliebte Rundwanderung liegt hart am Rande des Engadins, an der nicht besonders scharfen Grenze zum Bergell. Deshalb reichen die Blicke von den Wiesenhängen an der Scheitelstrecke am Motta Salacina nicht nur auf die tiefblauen Engadiner Seen, sondern auch zu den gewaltigen Felsenbergen des Bergells. Hat jemand mit dieser kleinen Rundtour nicht genug, kann er noch das schöne Val Forno hinaufbummeln.

Auf bezeichnetem Weg über die große HochwasserrückhalteMauer den Talgrund queren und am steinigen Bergweg in vielen Kehren oberhalb der Malojapassstraße an vielen Sturzblöcken vorbei und zum malerischen Waldsee **Lägh da Bitabergh**. Rechts um den finsteren See herum und an der Abzweigung rechts halten. Anschließend durch Buschwerk in vielen Kurven einen steilen Hang hinauf. Dabei werden mit zunehmender Höhe die Ausblicke auf die Oberengadiner Seen immer schöner. Schließlich führt der Bergpfad zum herrlichen Aussichtspunkt **Motta Salacina**. Wer dort nicht rastet, nur um zu schauen und zu staunen, ist sel-

Ausblick vom Motta Salacina nach Maloja und in das Oberengadin, in der Mitte der Piz Lagrev.

ber schuld. Am Bergweg geht es weiter gegen Osten, an den felsigen Ausläufern des Piz Salacina vorbei und gering abwärts zu einer Hangkante. Dann wieder etwas aufwärts, und wieder öffnet sich eine grandiose Aussicht. Diesmal zeigt sich das Val Forno von seiner schönsten Seite und links unten der **Lägh da Cavloc**. Der Bergpfad schlängelt sich relativ stark abfallend durch Erlenbuschwerk zum See hinab. Auf der linken oder der rechten Seite um den See herum und dann auf breitem Spazierweg im Wesentlichen gegen Nordwesten hinab, bis wieder der **Ausgangspunkt** erreicht ist.

Im Fornotal (Blick über den Oregna zum Piz dei Rossi).

Lej Pers, 2531 m

Seenwanderung mit Bernina-Blick

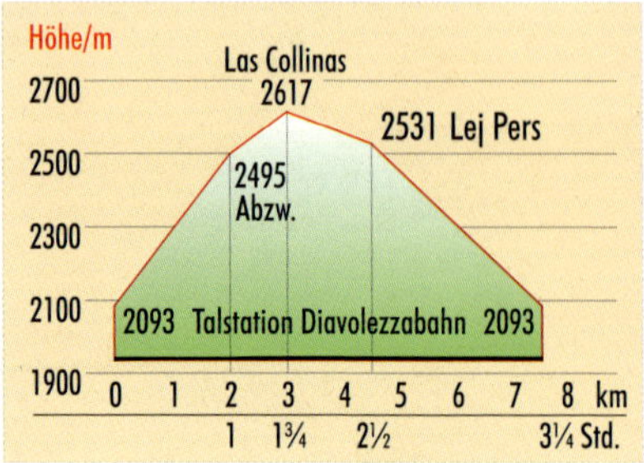

Ausgangspunkt: Talstation der Diavolezza-Seilbahn, 2093 m. **Höhenunterschied:** 710 m. **Gehzeiten:** Aufstieg 2½ Std., Abstieg 1¼ Std., gesamt 3¾ Std. **Charakter:** Anfangs etwas triste, dann unwegsame und schließlich großartige Aussichts-Rundtour. Längere weglose Etappen, die etwas Orientierungsgabe verlangen. Grandiose Ausblicke zum Piz Bernina und auf den Morteratsch-Gletscher. **Einkehr und Übernachtung:** In Pontresina oder im Bernina-Hospiz. **Karte:** K+F Wanderkarte Oberengadin.

Die Hänge unter der Diavolezza-Seilbahn sind nicht nach jedermanns Geschmack. Wer weiß, wie Skipisten im Sommer meist aussehen, kann sich das im Vorhinein schon gut vorstellen. Kommt man aber aus dem Pistenbereich heraus und in die Nähe der vielen Seen auf dieser Rundwanderung, schaut man dann noch hinüber zu den höchsten Gletschergipfeln der Ostalpen, dann wird die Tristesse unter der Seilbahn bald vergessen sein, so großartig wird das Panorama.

Der **Anstieg** verläuft erst einmal unter den Seilbahnkabeln auf monotonem Fahrweg nach Süden hinauf, bis hinter einer ebenen Hangmulde der Fahrweg zu einem Einschnitt in einem Felsenriegel links abdreht. Dort weisen nach rechts, also gegen Nordwesten, Markierungszeichen in einen steinigen Wiesenhang hinein. Im weglosen Berghang fällt die markierte Route anfangs deutlich ab, dreht etwas links ab und steigt durch eine weite Talmulde an. Man folgt der Routenmarkierung, zweigt aber dann nach rechts zu einem

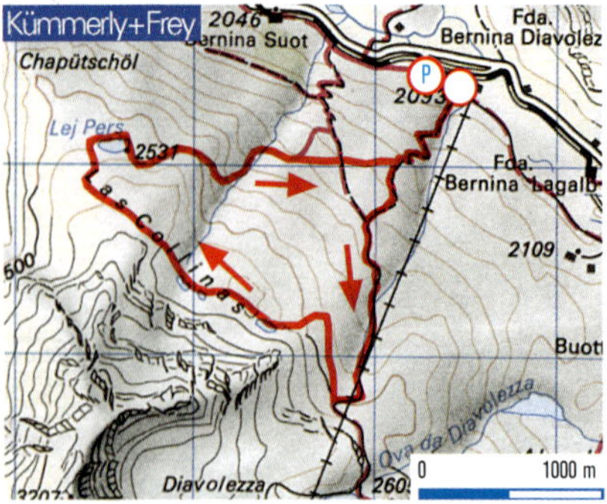

Wollgras am Lej Pers.

grünen Mugel ab, wo auf 2617 m der **höchste Punkt** der Tour erreicht wird. Von dort ein wenig nach Südwesten absteigen und gering abfallend durch die lange Talmulde **»Las Collinas«** mit einigen kleinen Seeaugen weiter. Dann im Blockwerk wieder etwas ansteigend, abermals zu einem Aussichtspunkt hinauf, wo sich der Piz Bernina mit dem Biancograt und sein Nachbar Piz Morteratsch besonders schön zeigen. Von diesem Punkt wieder hinab, in weitem Rechtsbogen durch ein Blocktal und schließlich zum **Lej Pers**.

Der **Rückweg** führt auf der Nordseite am See entlang, zu einem breiten Sattel ein paar Meter hinauf und dann gegen Osten weiter. Nach einem steileren Abstieg durch ein Hangtal dreht die Route links ab. Oberhalb des Baches geht es nun gegen Nordosten hinab, bis nach rechts ein paar Trittspuren zum Bach hinunter und über ihn hinwegführen. Der folgende Routenabschnitt ist weglos und nicht mehr markiert. Man quert die weiten Hänge gegen Westen, wobei man immer ein wenig absteigt. Von links kommt ein Wanderweg herauf, auf dem man zur Aufstiegsroute aufsteigen könnte. Wer sich traut, geht in der gleichen Richtung weglos weiter, bis schließlich die **Aufstiegsroute** erreicht ist.

Wegtafeln unterwegs.

Munt Pers, 3207 m

Aussichtskanzel zur Bernina

Ausgangspunkt: Talstation der Seilbahn zur Diavolezza, 2093 m.
Höhenunterschied: 1220 m.
Gehzeiten: Aufstieg 3½ Std., Abstieg 2 Std., gesamt 5½ Std.
Charakter: Einfache Wanderung auf beachtliche Höhen. Am grandiosen Aussichtspunkt ist – dank Seilbahnnähe – bisweilen sehr reger Betrieb.
Einkehr und Übernachtung: Berghaus Diavolezza, 2973 m.

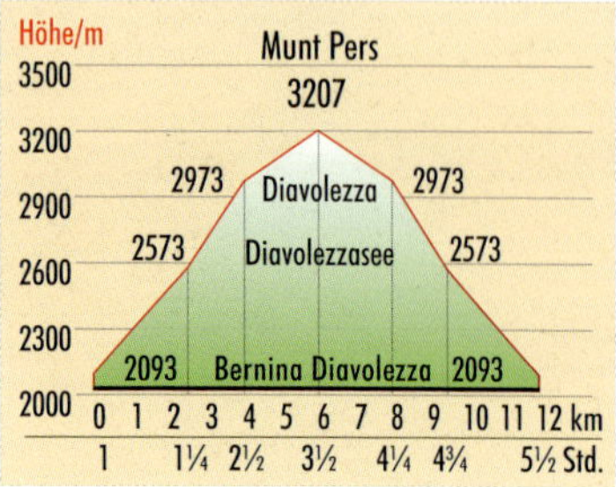

Karte: K+F Wanderkarte Oberengadin.

Eigentlich ist es schade, dass so ein mächtiger Dreitausender in der berühmten Nachbarschaft fast völlig seine Bedeutung verliert. Sogar jammerschade ist, dass er so arg leicht zu erreichen ist. Denn wer mit der Seilbahn zur Diavolezza auffährt, braucht nur noch eine Stunde lang zu gehen, dann ist er schon am Munt Pers. Da kommen

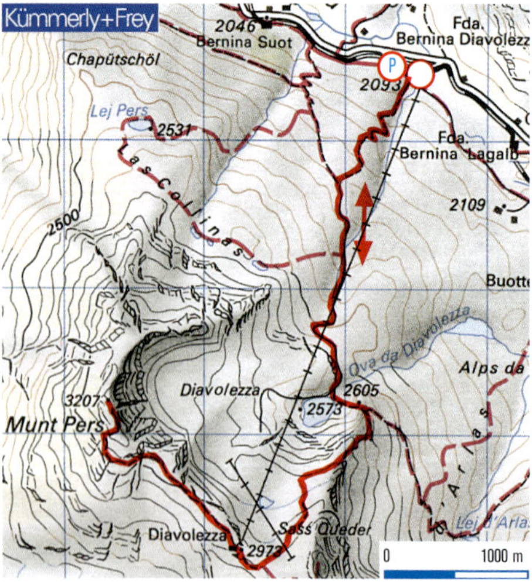

selbst solche Kameraden herüber, die ihrer Begeisterung durch lautes Plärren Ausdruck verleihen, was den meisten Nachbarn nicht gefällt. Ruhiger sind normalerweise die Etappen unterhalb der Diavolezza. Und still ist es dort, wenn man am frühen Morgen aufbricht, so früh, dass man schon vor der ersten Seilbahn am Berg ist. Dann kann man beim Aufstieg

Bizarre Felsenszenerie beim Aufstieg zum Munt Pers.

(etwa ab dem See auf 2573 m) eine großartige Berglandschaft unbekümmert erleben.

Vom Großparkplatz bei der **Seilbahn-Talstation** am steilen Fahrweg gegen Süden hinauf. Das anfangs monotone Sträßchen führt an kargen Felsen vorbei, wendet sich um diese herum und stößt in die Ebene beim **Diavolezzasee** auf 2573 m. Schöner ist es, von dort dem linken, Sommerweg genannten Bergweg zu folgen, der zum Nordrücken des Sass Queder ansteigt. Er windet sich zunächst nach Osten hinauf, dreht nach Süden ab und führt über einige Schneereste vom Grat weg und in das einstige kleine Sommerskigebiet. Mit Sommerskilauf geht dort nichts mehr, denn in der heißen Jahreszeit findet sich auf der einstigen Piste nur noch Schotter. Am breiten Weg zur **Seilbahn-Bergstation** weiter, an den Seilbahngebäuden vorbei und nach Nordwesten über einen breiten Geröllrücken zum **Gipfel**.
Zurück geht es entlang der Aufstiegsroute, wobei man im dichten Wegenetz auch ein wenig variieren kann. Möglich wäre sogar ein Abstieg von Diavolezza über den Vadret Pers, die Isla Persa, den Morteratschgletscher und die Bovalhütte nach Morteratsch.

Lej d'Arlas, 2343 m

Kleine Rundtour am Berninapass

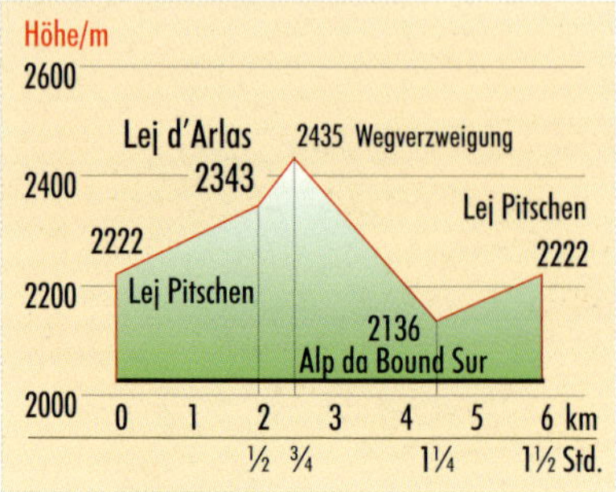

Ausgangspunkt: Lej Pitschen, 2222 m.
Höhenunterschied: 315 m.
Gehzeiten: Aufstieg ½ Std., Abstieg 1 Std., gesamt 1½ Std.
Charakter: Nette, beliebte Rundwanderung zu einem kleinen Gletschersee. Beim Abstieg ist deutlich mehr Höhenunterschied zu überwinden als beim Anmarsch. Und der Abstieg ist auch anspruchsvoller, da er zwar markiert, aber weitgehend weglos ist.
Einkehr und Übernachtung: Bernina-Hospiz, 2328 m.
Karte: K+F Wanderkarte Oberengadin.

Wer gerade mal ein bis zwei Stunden Zeit hat und sich doch eine nette Wanderung in den Bernina-Bergen – mit Gletscherblick versteht sich – gönnen möchte, kann sich ja an diesem Rundweg versuchen. An ihm wird man ständig vom finster dreinblickenden Piz d'Arlas, 3357 m, beobachtet.

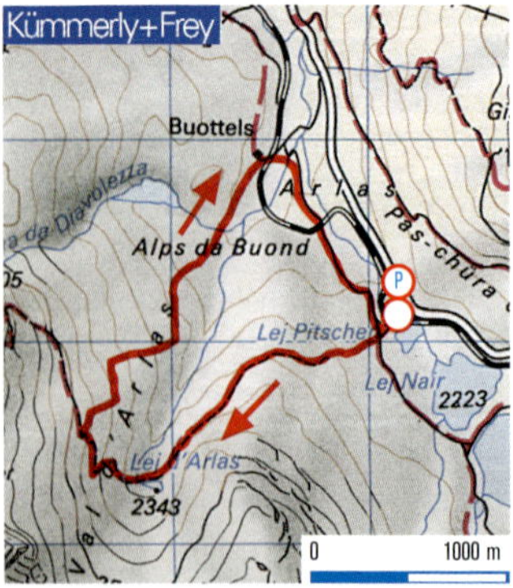

Vom **Parkplatz** an der Berninapassstraße, direkt oberhalb des kleinen **Lej Pitschen** über das Bahngleis der Bernina-Bahn und am See rechts vorbei. Noch etwa 100 Meter weit gegen Süden und dann zu einer Wegtafel. Dort rechts abbiegen und am Bergweg über steinige Wiesen gering ansteigend nach Südwesten hinauf. In kaum merklichem Rechtsbogen gegen Westen weiter. Nördlich des Kotierungspunktes 2368 m kommt man an etlichen, vom Gletscher glatt geschliffenen Felsen vorbei und die Route dreht wieder nach links, also Südwesten ab. Der Weg flacht immer mehr ab, führt über eine grüne, feuchte Wiese, doch vom See ist noch immer nichts zu sehen. Erst wenn man unmittelbar vor dem kleinen, türkisgrünen **Seeauge** steht, sieht

Lej Pitschen mit Sassal Mason, Vadret dal Cambrena und Piz Caral.

man das Wasser. Meist ist der Gletschersee noch von größeren Schneefeldern umgeben, wenn sich auch der Gletscher schon weit nach oben zurückgezogen hat. Es ist eine Frage der Zeit, bis er ganz abgeschmolzen ist.

Der Aufstieg war für eine echte Tour fast ein wenig zu kurz. Doch beim **Rückweg** kann man diesen Spaziergang doch noch ein wenig ausbauen. Um dies zu machen bummelt man also am See nördlich vorbei und folgt der markierten Route, die gegen Westen in Kehren relativ steil ansteigt. Auf der **Höhe von 2435 m** stehen Wanderwegtafeln und dort zweigt man rechts ab. Die Markierungen weisen nun die – überwiegend weglose – Route nach Norden hinaus. Dabei verlaufen sie auf den Wiesenhängen westlich des Val d'Atlas, führen weiter unten durch ein Tälchen und dann in einen weiten, grünen Boden, oberhalb des Zusammenflusses von zwei Bächen. Etwas links halten, den linken Bachast queren und zur **Alp da Bound Sur**, 2136 m. Dort ist der tiefste Punkt der Wanderung erreicht.

An der Almhütte rechts vorbei, unter dem Bahngleis durch und am breiten Weg gegen Südosten weiter. Wieder unter einer Bahnbrücke durch und schließlich zum **Ausgangspunkt** zurück.

47

Lago Bianco, 2234 m

Umrundung der Bernina-Seen

Ausgangspunkt: Lej Pitschen, 2222 m.
Höhenunterschied: 150 m.
Gehzeit: Gesamt 2½ Std.
Charakter: Schöne, leichte Rundwanderung mit interessanten Gletscherblicken.
Einkehr und Übernachtung: Im Bernina-Hospiz.
Karte: K+F Wanderkarte Oberengadin.

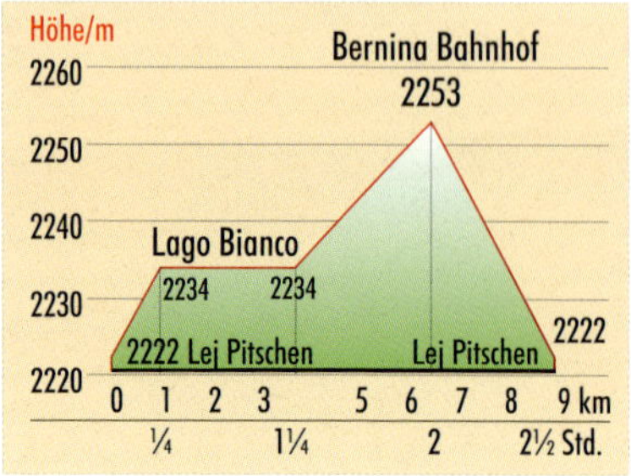

Die Umrundung der drei Seen am Berninapass ist eine gemütliche Angelegenheit. Ihre Namen haben diese Gewässer übrigens ihrem Aussehen zu verdanken. Der Lej Pitschen ist sehr klein ausgefallen, der Lej Nair dunkel, fast schwarz und den größten in diesem Gespann, den Lago Bianco, füllt milchig weißes Gletscherwasser.

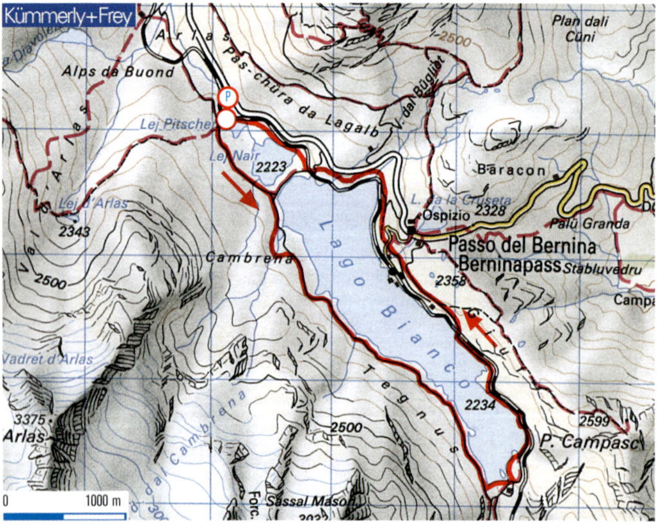

Blick über den Lago Bianco zum Piz Campasc.

Schöne Rundblicke kennzeichnen diesen beliebten Spaziergang.

Vom Parkplatz oberhalb des **Lej Pitschen** über das Bahngleis und am See in weitem Bogen vorbei. Links haltend um den See herum und gleich darauf am **Lej Nair** vorbei. Am Fahrweg auf die Staumauer des Lago Nero zu und an ihr rechts vorbei. Auf Werkstraße durch das Kieswerk und am schmalem Pfad über weite Weidewiesen (Cambrena) nach Südosten dahin. Der Weg weitet sich zu einer Fahrspur, die nun immer in der gleichen Richtung am Ufer entlang verläuft, bis schließlich die südliche Staumauer des Lago Bianco erreicht ist. Dort links abdrehen, über die Staumauer und nach links auf einen Wanderweg. Er steigt etwas an und fällt zu einem Fahrweg ab. Am Ufer sieht man dort einige vom Gletscher glatt geschliffene Granitfelsen. Der Fahrweg führt zwischen Eisenbahn und Seeufer nach Nordwesten weiter, steigt zum Bahngleis an und quert es.
Anschließend geht es weiter bergauf, an einer Alphütte vorbei und oberhalb des **Bernina-Bahnhofs** zu einem Parkplatz. Dort geradeaus weiter (die Straße auf der linken Seite verlassen) und auf Wanderweg in ständigem Auf und Ab am See entlang, bis schließlich in der Nähe der nordwestlichen Staumauer des Lago Bianco eine Werkstraße erreicht wird. Diese noch vor der Mauer nach rechts verlassen, um einer Trittspur zum **Ausgangspunkt** zu folgen.

48

Lej da la Tscheppa, 2616 m

Höhenweg über dem Lej da Silvaplauna

Ausgangspunkt: Parkplatz am Segelzentrum Sils Maria, am Südwestrand des Lej da Silvaplauna, 1793 m.
Höhenunterschied: 850 m.
Gehzeiten: Aufstieg 2 Std., Abstieg 3 Std., gesamt 5 Std.
Charakter: Im Aufstieg kurze Seilsicherungen und einige felsige Etappen. Abstieg stellenweise arg steil (keinesfalls bei Schnee durchführen).
Karte: K+F Wanderkarte Oberengadin.

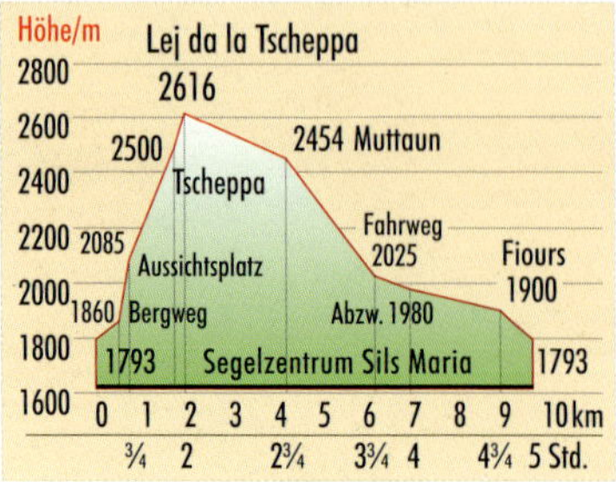

Den Kenner wird es nicht wundern, dass die hier vorgestellte Rundwanderung auf dem Höhenweg über dem Lej da Silvaplauna sehr beliebt ist, denn sie protzt nur so mit ausgesprochen interessanten Ausblicken auf das Oberengadin mit seinen blauen Seen und den Eisriesen der Bernina- und Bergeller Berge. Und man kommt zum türkis leuchtenden Lej da la Tscheppa, der am Höhepunkt der Wanderung eingebettet zwischen kahlen Felsenbergen und ausgedehnten Schuttfeldern einen Platz einnimmt, der so ganz im Kontrast zum Rest der Tour steht.

Vom **Parkplatz** geht es über die Autostraße nach Norden und gleich hinter der Weidewiese über einen Bach. Anschließend steigt der Bergweg nach Westen an und vereint sich mit dem **Bergweg**, der von Silvaplauna kommt. Auf ihm kurz nach links weiter, dann rechts ab und vor einem Blockfeld in einem weiten Linksbogen hinauf.

Der Arven-Lärchen-Mischwald lichtet sich, und vor einer tiefen Schlucht knickt die Route scharf rechts ab. Nun steigt sie relativ forsch gegen Nordwesten an,

Anstieg von Sils zum Lej da la Tscheppa.

bringt uns zur Sicherheit zweimal an ein gespanntes Halteseil und immer wieder über Felsen hinauf. In **Tscheppa** schließlich flacht der Anstieg ein wenig ab und steigt gegen Westen über einen tristen Blockhang zur Geländekante oberhalb des **Lej da la Tscheppa** an. Nach der Pause am (fast) höchsten Punkt der Rundtour geht man am markierten Bergweg gegen Nordosten weiter. In ständigem Auf und Ab schlängelt er sich über die freien Hänge dahin, fällt oberhalb eines der vielen kleinen Seeaugen in engen Kehren kurz mal steil ab, um dann wieder recht gemütlich über von Gletschereis glatt geschliffene Felsen dahin zu führen. Bis man schließlich am unbedeutenden Punkt 2454 m (**Muttaun**) angekommen ist, wird man viel Zeit fürs Bummeln und Staunen über die grandiosen Ausblicke verbracht haben. Noch geht es gemütlich nach Osten weiter, doch bald ist wieder volle Aufmerksamkeit gefragt, denn der Bergweg fällt plötzlich sehr steil und in engen Kehren, stellenweise über glatten Fels nach Norden ab und schlängelt sich durch ein breites Hochtal in Erlenbuschwerk hinein. Kurz oberhalb der Julier-Passstraße stößt man schließlich zu einem **Fahrweg**. Dort rechts abbiegen und im Wald nach Osten weiter. An der Verzweigung der Waldstraßen geradeaus und erst an der nächsten Abzweigung rechts halten, Richtung Segl. Am Sträßchen wieder mehrmals auf und ab und nach Süden dahin. Von links kommt ein Bergweg von Silvaplauna herauf, und bald darauf schnürt sich der Fahrweg zu einem Wanderpfad zusammen. Auf ihm nun streckenweise eben, dann wieder gering abfallend nach Südwesten weiter, über die Lichtung von **Fiuors**, bis schließlich der Aufstiegweg erreicht ist. Auf ihn links abbiegen und das letzte Stück zum **Ausgangspunkt** zurück.

Grevasalvas – Lej dal Lunghin, 2484 m

Zu Füßen des Piz Grevasalvas

Ausgangspunkt: Plaun da Lej, 1805 m, am Nordwestufer des Silser Sees.
Höhenunterschied: 700 m.
Gehzeiten: Aufstieg 2½ Std., Abstieg 1½ Std., gesamt 4 Std.
Charakter: Diese Rundwanderung ist einfach, aber landschaftlich sehr ansprechend. Deshalb ist sie auch sehr beliebt.
Einkehr und Übernachtung: In Plaun da Lej und in Sils.

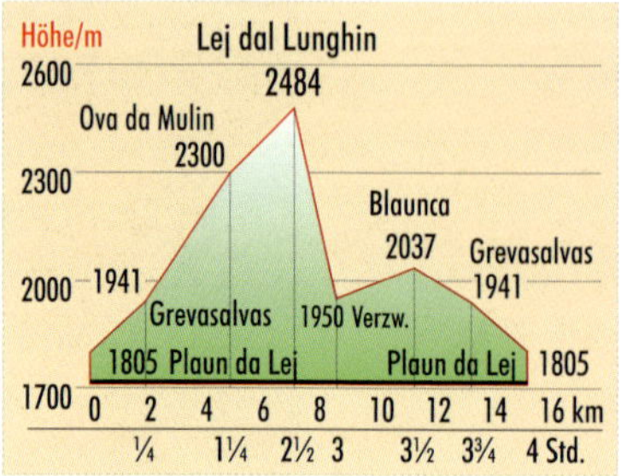

Karte: K+F Wanderkarte Oberengadin.

Diese Rundtour über dem Silser See ist gespickt mit Attraktionen. Das beginnt mit dem malerischen Almdorf Grevasalvas, das so aussieht, als wäre es über die Zeit hinweg nie verändert worden. Und doch hat es einen gewaltigen Wandel durchgemacht, weshalb es auch so schön aussieht. Dort sind nämlich viele Szenen für den Film »Heidi« gedreht worden und deshalb wurde es so herausgeputzt. Das nächste Glanzlicht ist der gigantische Gletscherschliff unter dem Piz Grevasalvas, wo fast der ganze Gipfelaufbau glatt

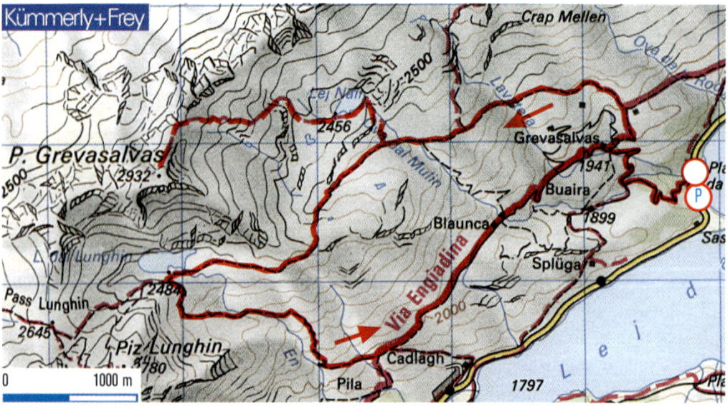

In Grevasalvas, hinten der Piz Lagrev.

gerieben ist, und dann kommt man auch noch zum idyllischen Lej dal Lunghin, wo sich das Wasser des jungen Inns erstmals sammelt. Die Hauptattraktion aber bleibt die großartige Rundschau während der gesamten Tour und deshalb wird es auf keinem Meter langweilig. Wer mit diesem Programm trotzdem nicht zufrieden ist, kann aus dem Val da Mulin noch zum Piz Grevasalvas abbiegen und erreicht dann auf markierter Route die stolze Höhe von 2932 m (hin und zurück 3¼ Std.; Trittsicherheit notwendig).

Von den Wirtshäusern in **Plaun da Lej** am Straßchen gegen Westen durch Lärchenwald hinauf. Es dreht etwas gegen Norden und führt dann zum malerischen **Grevasalvas**, 1941 m. Aus dem Ort Richtung Westen heraus und am Bergweg unter markanten Berghängen in weitem Schlenker nach Westen und allmählich in den grünen Boden, den der Mühlbach (**Ova da Mulin**) durchfließt.

Gegen Südwesten weiter aufwärts, über eine Geländekante hinweg und über einen Rücken nach Westen und gering abfallend zum schönen **Lunghinsee** hinab. Zum Südufer des Sees und dann dem Wanderweg gegen Südosten folgen. Auf der Höhe von etwa 1950 m links abzweigen und der Via Engiadina gegen Nordosten gering ansteigend folgen. An der Wegverzweigung links weiter und leicht ansteigend gegen Nordosten in die weite Ebene von **Blaunca**. An ihrem Nordrand an der Feriensiedlung Blaunca vorbei und wieder nach **Grevasalvas**. Ab dort entlang der **Aufstiegsroute** zurück.

50

Piz Lunghin, 2780 m

Am Ursprung des Inns

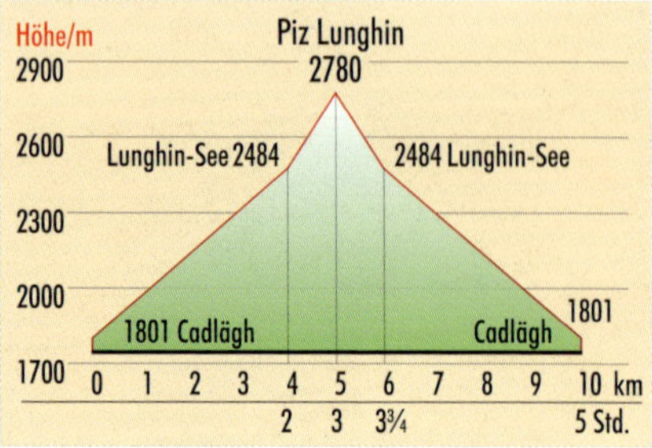

Ausgangspunkt: Cadlägh, 1801 m, am Westende des Silser Sees.
Höhenunterschied: 1000 m.
Gehzeiten: Aufstieg 3 Std., Abstieg 2 Std., gesamt 5 Std.
Charakter: Unschwierige, sehr beliebte Bergwanderung auf markierten Bergpfaden. Eindrucksvolle Tiefblicke auf die Oberengadiner Seen. Dreifache Wasserscheide.
Einkehr und Übernachtung: In Sils und in Maloja.
Karte: K+F Wanderkarte Oberengadin.

Am Piz Lunghin entspringt der Inn, der dem Engadin seinen Namen gegeben hat. Allerdings kann man die Innquellen meist nur schlecht erkennen, denn bis in den Sommer hinein liegt dort meterhoch der Schnee und verbirgt den Ursprung des Flusses. Ganz in der Nähe davon entsprießen noch weitere Bäche, und drei davon strömen verschiedenen Meeren zu. Der Inn fließt nach Osten, mündet in Passau in die Donau und läuft mit ihr dem Schwarzen Meer zu. Der Ova dal Sett läuft nach Norden und mit dem Rhein in die Nordsee. Und ein kleiner Bach, der nicht einmal einen Namen hat, fließt gegen Süden ins Bergell ab, mit der Maira durch den Comer See und mit dem Po in die Adria. Also haben wir es hier mit einer dreifachen Wasserscheide zu tun.

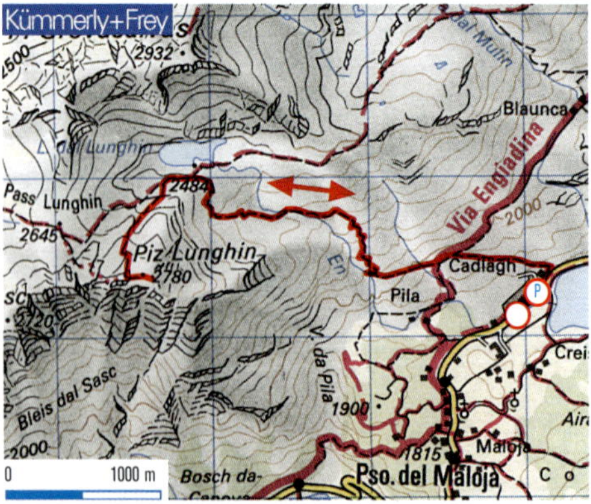

Der Anstieg führt von **Cadlägh** zu den Lawinenverbauungen hinauf

Blick vom Lunghin-See zum Piz Lunghin.

und unter einer Felswand scharf nach links. Anschließend gegen Westen in freie, felsdurchsetzte

Abstieg vom Piz Lunghin.

Hänge und in moderater Steigung das Tal des jungen Inns hinauf. Im weiteren Verlauf nach Nordwesten abdrehen und immer dem Bach folgen, bis auf der Höhe von 2484 m der beschauliche, tiefgrüne **Lunghin-See** erreicht ist.
Die Aufstiegsroute verläuft vom See noch ein Stück am markierten Wanderweg gegen Südwesten in Richtung Lunghin-Pass, zweigt aber bald von der viel begangenen Route nach links (Süden) ab. Allmählich kommt man in den stark ansteigenden Nordhängen in tristes Geröll hinein, und der Schlussanstieg wird unangenehm steil und mühselig. Auf ein kurzes Stück muss man über glatte Felsen hinüber und schließlich wird der **Gipfel** erreicht. **Zurück** geht es wieder auf der Anstiegsroute.

KOMPASS
NR.1 FÜR WANDERKARTEN
KOMPASS
GPS ROUTENPLANER
Sylt
GPS
DIGITALE OUTDOORKARTE
FUGAWI
GARMIN
www.kompass.at
KOMPASS
GPS ROUTENPLANER
Fuerteve
DIGITALE OU
FUGAWI
GARMIN
KOMPASS
GPS ROUTENPLANER
Karwendelgebirge
GPS
DIGITALE OUTDOORKARTE
Per Mouseklick Touren planen und Distanzen messen.
Einfacher Up- und Download auf Ihr GPS-Gerät.
Top aktuelle KOMPASS Outdoorkarte auf CD.
FUGAWI
GARMIN
www.kompass.at
Outdoor-Orientierung